매일 자연으로 갑니다

✦ 전국 최초 공립 생태유치원 ✦

매일 자연으로 갑니다

자연과 함께 배우고, 더불어 피어나는
나성유치원의 발자국

나성유치원
이옥순
김은선
조하은
조향진
김초은
신수빈
김혜선
육혜경
송세연
정혜율
윤정희
최유빈
최진희
김다영

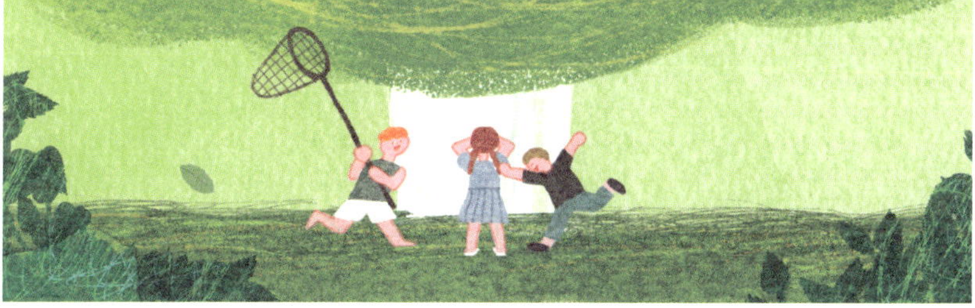

정한책방

추천사

　자연은 아이들에게 삶과 배움이 처음으로 피어오르는 가장 오래된 교실이며, 교육은 그 품 안에서 다시 생명을 얻어 자랍니다. 이 책은 전국 최초 공립 생태유치원에서 아이들과 숨결을 맞추며 '삶으로서의 교육'을 실천해 온 교사들과 아이들의 발자취를 한 줄 한 줄 정성스럽게 담아냅니다. 교육공동체의 깊은 철학과 따뜻한 실천이 모여 빚어낸 이 여정은, 유아교육의 한 장면을 넘어 미래 교육이 나아가야 할 가치와 방향을 다시 묻고 성찰하게 합니다. 무엇보다 이 기록은 교육의 본질이 교실이라는 공간에 머무르지 않고, 자연과 일상의 결을 따라 흘러가며 비로소 온전한 결실을 맺는다는 사실을 선명하게 보여줍니다.

　책 속 문장마다 자연을 통해 이루어지는 배움의 핵심이 고요히 박혀 있습니다. 아이들은 흙의 온도를 손끝으로 기억하고, 바람의 냄새와 계절의 숨결을 온몸으로 받아들이며, 삶과 배움이 만나는 순간들을 차곡차곡 쌓아갑니다. 생태유치원에서 아이와 교사, 그리고 지역이 함께 엮어 온 시간들은 자연이야말로 가장 정직한 스승임을 다시금 일깨워 주며, 교육의 참된 의미를 우리 곁에서 조용히 되살립니다.

 자연과 더불어 살아가고자 하는 교육의 마음을 품고, 그 마음을 일상의 실천으로 이어 온 교사들의 한 걸음 한 걸음은 우리 교육이 가야 할 길을 잔잔하지만 분명한 빛으로 비춥니다. 이 책이 생태교육의 현장은 물론, 미래 세대를 생각하는 모든 이들에게 깊은 울림과 따뜻한 통찰을 건네는 이정표가 되기를 바랍니다. 아이들과 교사들이 자연 속에서 함께 길어 올린 이 배움의 이야기가 각자의 교육 현장에서 새로운 가능성과 실천으로 이어지기를 기대합니다.

 자연에서 피어난 아이들의 배움은 우리 교육의 의미를 다시 밝히고, 더 멀리 확장하는 첫걸음이 될 것입니다. 이 책이 생태교육의 길을 차분히 비추며, 교육 현장과 정책, 나아가 우리 사회 전체가 지향해야 할 방향을 오래도록 안내하는 든든한 길잡이로 남기를 바랍니다.

- 구연희(세종특별자치시교육감 권한대행 부교육감)

여는 글

 아침 햇살이 텃밭을 부드럽게 스치면, 아이들의 발걸음이 분주히 움직이며 생태유치원의 하루가 조용히 깨어납니다. 흙 위에 남은 작은 발자국마다 생명의 숨결이 깃들고, 어린 손들은 풀잎을 쓰다듬으며 자연의 질서를 배우듯 잠시 멈춰 서곤 합니다. 자연은 아이들에게 교실이자 놀이터이며, 삶을 온몸으로 익혀 가는 배움의 터전으로 끝없이 펼쳐진답니다.

 '생태유치원'이라는 이름 속에는 단지 자연 가까이에서 생활한다는 이상의 의미가 담겨 있습니다. 그것은 아이들이 자연과 함께 배우고 자라며, 존중과 공존의 가치를 삶 속에서 익혀 가는 교육

철학입니다. 공원과 제천, 숲과 마을로 발걸음을 옮기는 동안 아이들은 자연을 바라보는 시선뿐 아니라 흙의 감촉을 손끝으로, 바람의 방향을 발걸음으로 계절의 순환을 몸으로 배우게 된답니다. 그 시간 속에서 아이들은 스스로 묻고 느끼며 매 순간 새로운 세계를 발견하는 것이지요. 그렇게 쌓여 가는 온몸의 경험 속에서 아이들은 '함께 살아가는 삶'을 배워 갑니다.

아이들이 자연과 마주하며 축적해 가는 경험은 단순한 기억을 넘어 마음속에 천천히 스며드는 깊은 배움이 됩니다. 공원 길을 천천히 건너는 개미 한 마리가 아이들에게는 하루의 수업이 되고, 텃논 위로 내려앉은 참새 떼는 '함께 살아가는 생명들'이라는 주제를 자연스레 열어 줍니다. 배움은 책 속에서만 자라지 않는 것이지요. 흙내음과 숨결이 머문 아이들의 발걸음 사이에서 자라난 성장은 느리지만 단단하게 마음속에 꽃을 피웁니다.

　물론, 이 길이 언제나 고요한 햇살 아래에만 놓여 있는 것은 아닙니다. 비바람에 쓰러진 모종처럼 때때로 교육의 방향을 다시 묻게 되는 날도 분명히 있습니다. 아이들이 예상과 다르게 반응하고, 계획한 수업이 흐름을 빗나갈 때도 있답니다. 그럼에도 우리를 다시 세우는 힘은 늘 아이들에게서 온다고 생각합니다. 흙 묻은 발로 텃밭과 흙산을 뛰어오르는 힘찬 움직임, 작은 풀꽃 하나에도 감탄을 터뜨리는 눈빛 속에서 우리는 이 길을 걸어갈 이유와 가치를 다시금 찾습니다.

　그 길 위에는 교사와 학부모, 그리고 지역사회가 함께 걸어갑니다. 서로의 발걸음을 맞추며 아이들의 삶과 배움을 하나로 엮어 가는 것이지요. 생태유치원의 교육은 한 아이의 성장을 넘어 자연과 더불어 살아가는 마음을 길러 가는 여정입니다. 오늘의 작은 실천은 내일의 희망으로 이어지고, 그 속에서 아이들은 관계를 배우고 생명의 가치를 체험합니다. 교사는 그 곁에서 조용하지만 단단한 마음으로 아이들의 성장을 지켜내고 북돋습니다. 그렇게 쌓이며 흐르는 하루하루가 자연과 사람, 앎과 삶이 하나로 어우러지는 '살아 있는 배움터'를 만들어 가는 것이 아닐까요.

이 책은 그 하루들이 켜켜이 쌓여 이루어진 기록입니다. 아이들과 자연이 함께 엮어낸 이야기, 그리고 그 곁에서 웃고 배우며 걸어온 교사들의 마음을 풍성하게 담았습니다. 공원과 제천, 숲과 마을, 텃논과 텃밭, 흙산과 교실… 서로 다른 풍경에서 들려오는 목소리들은 결국 하나의 진실로 이어집니다.

"아이들은 자연 속에서 배우고 자라야 합니다."

이 짧은 문장 속에 우리가 놓쳐서는 안 될 소중한 진리가 담겨 있습니다.

이 책을 펼친 당신이 자연을 품은 아이들의 작은 손을 떠올릴 수 있기를 바랍니다.

그 손끝에서 피어오르는 생명의 따스함과 그 안에 새겨진 배움의 힘을 느껴 보길 바랍니다.

그리고 당신의 하루에도 잠시 발걸음을 멈추어 자연을 바라보는 시간이 찾아오길 바랍니다.

그 시간, 마음속에 한 알의 씨앗이 심어질 것입니다.

그 씨앗은 아이들과 함께 자라 다시 자연으로 이어지는 길이 될 것입니다.

   매일 자연으로 향하는 그 길 위에서 우리는 교육의 본질과 삶이 어우러지는 새로운 빛을 마주합니다.

- 이옥순(나성유치원 원장)

프롤로그

봄이면 작은 손가락으로 씨앗을 심으며 "이게 정말 자라나요?" 하고 묻던 눈망울이 있었고,
여름에는 숲길을 걸으며 햇살과 그림자 사이를 뛰놀던 아이들의 웃음이 반짝였다. 가을에는 붉게 물든 잎을 한 줌 모아 친구에게 건네며 마음을 나누었고, 겨울에는 차가운 눈을 두 손에 모아 작은 눈사람을 만들며 서로의 온기를 더했다.

아이들은 그렇게 자연의 품에서 계절마다 다른 모습으로 자라며 '함께 살아가는 법'을 배워간다. 교실의 벽을 넘어 자연 속으로 나아간다는 것이 처음엔 우리에게도 낯설고 때로는 조심스러웠다. 그러나 흙을 만지며 웃고, 나뭇가지를 모아이야기를 이어가는 아이들의 모습을 마주할 때마다 우리의 마음도 천천히 열리고 단단해졌다.

아이들은 놀면서 배우고, 배우며 다시 논다. 누가 가르쳐 주지 않아도 스스로 규칙을 만들고, 서로에게 길을 내어주며 세상을 배운다. 어느 날은 미끄러운 낙엽 위에서 친구의 손을 잡아주었고, 또 어느 날은 무거운 나뭇가지를 함께 들며 "같이 하면 돼!"라고 말하며 서로를 북돋웠다.

협력과 배려, 기다림과 양보는 그 작은 순간마다 조용히 자라난다. 우리는 다만 그 곁에서 기다리고, 지켜보고, 아이들의 목소리에 귀 기울이는 사람일 뿐이다. 아침 햇살이 교실의 창가를 비출 때면 아이들은 제일 먼저 창문을 열어 바람을 맞는다. 그 바람 속에 실린

풀 냄새와 흙 냄새는 아이들의 하루를 부드럽게 깨운다.

풀잎에 맺힌 이슬을 손끝으로 건드리며 "차가워요!"라고 외치고, 나무 위에서 울려 퍼지는 새소리에 귀를 기울이는 순간마다 아이들의 감각은 더 깊이 깨어나고, 세상을 향한 마음은 한층 넓어진다.

교실 한쪽에서는 또 다른 배움이 자라고 있었다. 버려진 우유갑과 병뚜껑, 상자들이 차곡차곡 쌓여 작은 물건이 되었다가 어느새 새로운 놀이로 다시 태어난다. 상자는 집이 되고, 우유갑은 의자가 되고, 플라스틱은 다시 살아난 장난감이 된다.

아이들은 그 안에서 '되살림'의 의미를 자연스럽게 배운다. 다시 살리고, 새로운 쓰임을 찾는 그 과정은 단순한 만들기를 넘어 함께 살아가는 마음, 그리고 서로를 돌보는 감각으로 이어진다. 처음엔 흙투성이로 돌아오는 아이들을 보고 학부모들의 걱정도 많았다.

"오늘은 왜 이렇게 옷이 더러워졌을까요?"

하지만 곧 그 흙이 배움의 흔적이 되고, 작은 손의 얼룩이 성장의 증거임을 알아간다. 아이는 흙 속에서 놀이를 발견하고, 놀이 속에서 생명을 이해한다. 그리고 어느 순간, 학부모들의 마음에도 자연의 리듬이 조용히 스며든다.

"우리 아이가 참 많이 자랐어요. 기다리고, 도울 줄 알아요."

그 말 한마디는 교사의 마음에도 따뜻한 불빛처럼 오래 머문다.

생태교육은 어느새 유치원을 넘어 가정으로 스며들어 교사와 학부모, 아이들이 함께 써 내려가는 한 편의 이야기로 이어진다. 자연은 아이들만이 아니라, 교사에게도 마음을 비춰주는 맑은 거울이 된다. 아이들이 바라보는 세상은 단순하지만 깊고, 그 속에는 늘 새로운 배움이 숨겨져 있다.

아이들의 눈을 통해 자연을 다시 바라보며 우리는 교육의 본질이 무엇인지, 가르침이 아닌 기다림이 왜 중요한지를 다시 배운다. 나무와 흙, 바람과 물이 들려주는 조용한 가르침 속에서 우리 또한 아이들과 함께 자라나고 있다. 자연은 계절마다 옷을 바꾸지만, 그 안의 배움은 사라지지 않는다.

오늘 아이들이 남긴 작은 발자국은 내일의 아이에게 길이 되고,

그 길 위에서 또 다른 아이들이 웃으며 서게 될 것이다. 생태유치원의 하루는 그렇게 이어진다. 아이들이 자연을 사랑하고, 생명을 아끼며, 세상과 조화롭게 살아가는 마음으로 자라나길 바라는 마음을 품고 우리는 오늘도 그 길 위를 묵묵히 함께 걷는다.

목차

추천사   4
여는 글   6
프롤로그   12

1장 텃논으로 갑니다

텃논의 사계절을 온전히 느끼는 아이들   27
더불어 살아가는 행복한 텃논   33
텃논에서 발자국을 만나다   43
쌀 한 톨, 떡 한 입   49
텃논으로 한걸음   56

2장 흙산으로 갑니다

흙에서 공룡까지	67
커다란 흙산만큼 좋아해	74
협곡이 만들어진 날	80
흙산으로 한걸음	87

3장 텃밭으로 갑니다

우리 반의 텃밭 레시피	97
새싹들아 모여라, 새싹끼리!	104
고구마 넝쿨 속에서 자라는 아이들	111
자연을 그리다, 자연을 말하다	121
함께 자라는 텃밭(통합학급 이야기)	127
텃밭으로 한걸음	132

4장 공원(제천)으로 갑니다

물살 따라 흐른 아이들의 웃음	143
물아 깨끗해져라	151
낮과 밤에 만나는 소중한 자연 친구들	158
공원(제천)으로 한걸음	166

5장 숲으로 갑니다

숲과 함께 자라는 아이들	177
숲 속 교실, 작은 생명들을 만나다	185
손을 잡고 걷는 롤러코스터길	194
숲으로 한걸음	200

6장 교실로 갑니다

되살림에서 피어난 상상	*211*
우유갑 자율 교환과 자원 순환	*217*
마음을 이어준 구슬길	*223*
지구를 지키는 액체 괴물(슬라임)	*230*
교육과정과 연계되는 방과후 과정	*236*
교실로 한걸음	*244*

7장 자전거를 타고 갑니다

작은 안전모에서 시작된 큰 용기	*255*
안녕? 자전거(통합학급 이야기)	*263*
자전거로 한걸음	*269*

에필로그	274

1장

텃논으로 갑니다

우리는 매년 텃논을
가꾸고 있다.
계절의 흐름 속에서
자연과 더불어
살아가는 법을
배우기 위함이다.

텃논의 사계절을
온전히 느끼는 아이들

텃논은 아이들이 사계절의 흐름을 온전히 느낄 수 있는 생태 학습장이다. 봄에는 논갈이를 한다. 동생들은 작은 모종삽으로, 형님들은 큰 삽으로 흙을 깊이 갈아엎는다. 땅 속 깊은 곳의 흙을 퍼 올리면서 "잘 부탁해"라며 방긋 웃고는 당부의 인사를 건넨다. 위에 있던 흙은 땅 속에 묻어주며 "고마웠어. 잘 가"라며 감사의 인사를 건넨다. 흙을 간 후에는 써레질한다. 고사리 같은 손으로 큰 갈퀴를 들고도 아이들은 척척 써레질에 동참한다. 순환되는 땅의 모습도 관찰하고, 논갈이의 효과를 경험하게 되는 순간이다.

여름에는 '소만' 절기에 맞춰 모내기를 한다. 몇 해는 아이들만 모내기를 하고, 올해는 학부모도 초대해 자녀와 함께했다. 모내기 날에는 모찌기 한 모를 들고 바짓단을 힘차게 걷으며 성큼성큼 논으로 들어간다. 모를 심기 전 손에 들고 있는 모가 몇 줄기인지 세어 보고, 모의 크기가 저마다의 발등까지 오는지, 발목까지 오는지 관찰해 본다. 그리고 대나무 삽으로 땅을 파고 모를 심는다.

"모내기 줄 넘어간다. 줄을 맞춰 서보자. 모내기 짝 모내기 쿵. 우리 모가 자라난다." 9개 반이 함께 만든 '줄 넘어간다' 노래를 부르며 모심기의 전통 방식인 '줄 넘어간다'를 목청껏 외쳐본다. 모를 심은 후 단오날에는 풍년을 기원하는 풍악을 울리며 모두가 나와 논 주변을 걸어보고 풍년을 기원하는 강강술래도 한다. 아이들이 마음을 모아 텃논을 향해 "모야, 잘 자라라, 쌀 많이 만들어줘"라고 힘차게 외쳐준 덕분에 올해도 풍년이 될 것 같은 마음이 든다.

모가 자라기 위해서는 매일 텃논에 물을 대야 한다. 빗물 저금통에 모아둔 빗물을 활용해 논에 물을 댄다. 학급마다 텃논에 나와 물이 자박자박 채워지는 모습을 관찰한다. 물이 충분해지니 소금쟁이나 우렁이 같은 다양한 생물이 보인다. "와~ 소금쟁이다." "물잠자리도 왔어." 아이들은 논에 찾아오는 생물들을 관찰하기에 바쁘다.

또 쑥쑥 크는 모의 키도 아이들 스스로 재어본다. 키를 잴 모를 선정하고, 길쭉한 대나무 막대를 활용해 키를 재고 직접 펜으로 줄을 그어 표시해 본다. 모가 쑥쑥 자라는 만큼 잡초(피)도 경쟁하듯 자란다. 교실에서 "얘들아, 피 뽑으러 가자"라는 나의 말에 "야호"라며 아이들은 환호성을 지른다. 장화를 신거나 맨발로 들어가서 흙의 촉감을 느끼고 줄을 맞춰 심은 모 사이를 지나다니며 피를 뽑는다. 때로는 엉덩방아를 찧어 엉덩이가 흙물로 잔뜩 물들기도 한다. 그래도 아이들은 다음날 어김없이 피를 뽑으러 씩씩하게 논으로 들어간다.

가을에는 추수를 한다. 추수를 앞둔 텃논은 어느 시골 지역의 풍경처럼 황금 들판이 된다. "엄마, 벼 많이 컸죠?" "어머. 그러네. 언제 이렇게 자랐대." 등원하는 ○○이는 엄마에게 꼭 보여주고 싶은 풍경이었다는 듯 엄마의 손을 텃논 쪽으로 당기며 큰 목소리로 말한다. 아이의 말에 어느새 키가 쑥 커진 벼를 보며 엄마 또한 신기하다는 듯 답한다. 가을 등하원길 텃논 앞에서 자주 보이는 아이와 학부모의 모습이다. 어디 그뿐이랴. 가을에는 '짹짹' 소리를 내며 낟알을 먹으러 찾아온 새들 소리와 사람들의 인기척에 놀라 달아나는 새의 날갯짓 소리, 가을바람에 일렁이는 벼들의 사각대는 소리가 텃논에서 들린다. 그리고 낟알의 개수를 세는 아이들의 소리와 힘차게 텃논 주변을 뛰어다니는 아이들의 웃음소리가 들린다. 아이들이 협동해서 만든 허수아비가 텃논에서 가을 내내 제 역할을 마치고 벼가 완전히 무르익으면 추수를 한다.

어른들은 낫으로, 아이들은 안전을 위해 가위로 저마다의 도구를 사용해 벼 베기를 한다. 벼를 벤 후 홀태에 벼를 훑고 떨어진 낟알들을 키에 넣고 잘 골라낸다. 벼 껍질을 손으로 직접 까보고 하얀 쌀을 절구에 넣고 빻아본다. 볏단을 묶어 한 장소에 모으기 위해 지게를 힘차게 메고 출발한다.

"선생님, 옛날 사람들은 여기에 무거운 것을 어떻게 올려서 다녔대요?" 아이들의 질문처럼 지게를 메고 일어나 균형을 잡고 걷는 것이 쉬운 건 아니다. 그래도 지게를 메고 볏단을 떨어뜨리지 않고 제 자리에 갖다 두려는 아이들의 모습에서 뿌듯함도 느껴진다. 추수를 한 날에는 시원한 식혜

와 떡 한 입을 오물오물 씹으며 새참을 먹는다. 함께 추수한 서로에 대한 감사함과 자연에 대한 감사함을 경험하는 하루가 된다.

겨울에는 딱딱해진 텃논 위에서 여러 놀이가 이루어진다. 봄에 모종삽으로 논갈이한 것처럼 땅을 숨으려고 하지만 겨울 날씨가 만들어 낸 땅의 딱딱함은 어쩔 수가 없다. 모종삽 몇 번을 통통 튕기면서 뒤로 엉덩이를 쿵 하는 친구도 있다. 그러면 '내 힘이 이기나 땅의 힘이 이기나 보자'라는 마음으로 계속 흙을 파는 아이가 있는 반면, 텃논을 한없이 뛰어노는 아이도 있다. 쌀을 주었던 벼는 볏단도 남겨주었다. 볏단으로 옹기종기 모일 수 있는 집을 만들기도 한다. 마치 전래동화 〈아기돼지 삼형제〉의 첫째가 지은 지푸라기 집 같다. 하

지만 '되살림 놀잇감'과 다양한 '생태 배움터'에서 창의성과 탐구력을 발휘하는 우리 아이들은 동화 속 늑대가 분 바람처럼 겨울바람이 매섭게 불어와도 흩날리지 않는 튼튼한 집을 짓기 위해 친구와 힘을 합쳐 이야기를 나누고 만들고 고쳐가며 단단한 집을 만들어서 놀이한다.

 바람이 아주 쌩쌩 불고 기온이 뚝 떨어지는 한겨울이 되면 텃논에는 고요함이 흐른다. 이 기간에 텃논은 휴식하고 다시 봄부터 아이들에게 놀이를 흠뻑 내어주기 위해 숨을 고르고 있는 것 같다. 아이들은 사계절 자연의 순환을 벼가 무르익어가는 풍경과 수확의 기쁨을 통해 온전히 느끼게 될 것이다. 텃논에서 흘린 땀과 웃음은 아이들의 생태 감수성을 키우고 지속 가능한 미래를 살아가는 밑거름이 될 것이다. 내년 모내기 때에도 '줄 넘어간다' 노래를 다 함께 흥얼거리며 풍년을 기원할 것이다.

더불어 살아가는
행복한 텃논

낟알 한 톨로 만나다

텃논에도 가을이 찾아왔다. 초록빛으로 일렁이던 벼는 어느덧 황금빛으로 익어 고개를 숙였고, 텃논을 가꾸며 자라온 아이들의 마음도 함께 단단히 여물었다. 매일 창밖으로 펼쳐진 텃논을 바라보며 점심을 먹던 어느 날, 아이들 사이에서 작은 소동이 일어났다. 참새 몇 마리가 텃논에 내려앉아 벼 이삭 몇 알을 쪼아 먹고 있었던 것이다.

"참새들이 우리 벼를 먹고 있어! 나쁜 참새."
"배고픈 거 아닐까? 참새는 귀여워."

"그래도 우리 벼잖아. 다 먹으면 어떡해."

한참을 바라보던 아이들은 자연스럽게 질문을 품게 되었다. 참새는 나쁜 걸까? 우리 벼는 어떻게 해야 할까? 아이들은 말로 다 표현하지 않았지만, 그 상황을 통해 자연 속 동물과 사람 사이의 관계에 대해 생각하기 시작했다. 며칠 후, 아이들과 함께 기다리던 추수를 했다. 고운 낟알들이 바구니 가득 담기는 모습을 보며 아이들은 무척 뿌듯해했다. 수확이 끝난 텅 빈 논을 바라보던 아이들은 또 다른 질문을 품었다.

"이제 참새들은 뭐 먹지?"

"겨울엔 벌레도 없잖아."

이전에는 참새가 낟알을 먹는 것에 대해 부정적으로 생각하던 아이들도 이제는 참새의 겨울나기를 걱정하기 시작했다. 참새를 도울 방법을 함께 찾아보기로 했다. 인터넷을 검색하여 먹이를 찾기 어려운 새들을 위해 모이통을 만들 수 있다는 것을 알아냈다. 다양한 모이통 사진을 보며 한마음 한뜻으로 모이통을 어떻게 만들지 아이디어를 모았다. 플라스틱 용기, 종이상자 등 평소에 되살림 놀잇감을 만들 때 사용하는 재활용품으로 새 모이통을 만들었다. 낟알도 잔뜩 넣어 드디어 완성하였다. 다 함께 유치원 앞 공원으로 나가서 튼튼한 나무에 모이통을 걸었다. 아이들은 기대하는 눈빛으로 바라보았다.

"선생님, 진짜 새들이 우리가 준 모이를 먹을까요?"

며칠 후, 다 함께 모이통을 보러 나갔다. 놀랍게도 모이통 속 낟알이 절반 이상 사라졌다. 아이들은 참새들이 먹이를 먹었을 거라며 무척 기뻐했다. 그러나 동시에, 바람과 비에 젖어 찢어진 종이상자를 보며 새로운 걱정이 생겼다.

"모이통이 망가졌어요. 고쳐야 해요."

모이통을 가지고 교실로 돌아왔다. 아이들은 교실 한쪽에 모이통 고치는 공간을 만들고 싶어 했다. 새로운 목표가 생겼다.

"새들이 아프면 고쳐주고 싶어요. 병원처럼요."
"딱따구리는 나무에 멋진 집을 만들잖아요. '딱따구리 수리병원' 어때요?"

아이들은 딱따구리 수리병원에서 다양한 재료를 탐색하여 요구르트병을 단단히 붙이고, 낟알도 더 많이 넣고, 새가 편하게 쉴 수 있도록 지붕도 튼튼히 보강했다. 그리고 새들에게 편지도 썼다.

"새가 생일인 줄 알겠다. 먹이가 엄청 많잖아."
"생일 축하한다고 적자!"

아이들의 따뜻한 마음이 편지에 담겼다. 그 이후, 아이들은 공원을 지날 때마다 자신들이 만든 모이통을 바라보며 자랑스러워했고, 언제 또 고쳐줘야 할지 살펴봤다. 그 과정에서 아이들은 자연을 단

순히 관찰하는 존재를 넘어, 공존하는 존재로 여기며 성장해 갔다. 자연과 함께 숨 쉬는 존재로서 우리가 어떻게 하면 좋은지를 아이들 스스로 체험하는 시간이었다.

컵 한 잔으로 만나다

맑은 햇살에 푸른 하늘이 잘 보이던 6월 2일, 한 아이가 초롱초롱한 눈빛으로 컵 하나를 보여주었다. 그 안에는 꿈틀꿈틀 헤엄치는 올챙이가 있었다!

"선생님, 올챙이 가져왔어요. 다 자라면 텃논에 보내줄 거예요! 유치원에서 키워도 돼요?"

이 말 한마디가 엄청난 파장을 일으켰다. 평소 개구리와 올챙이에 관심을 가지던 아이들은 올챙이를 보고 정말 기뻐하였다. 유치원 채집함에 작은 자갈을 넣어 올챙이 집을 꾸며주고 키우기로 하였다. 아이들이 다모임을 통해 올챙이 이름을 '몽실이'로 정했다. 인터넷으로 찾아보니 올챙이가 먹는 음식은 밥풀, 고구마, 물고기 사료 등 다양했다. 점심시간에 밥풀 몇 알을 가지고 나와 몽실이에게 주었다. 아이들의 기대와 달리 다음날까지 밥풀이 그대로였다!

"밥풀은 안 좋아하나 보다."

아이들과 머리를 맞대고 다른 방법을 고민했다. 그날 마침 간식으로 고구마가 나왔다. 고구마를 조금 덜어 와 몽실이에게 주었는데, 다음날 고구마가 물에 녹아 흔적도 없이 사라져 있었다. '먹은 걸까? 아니면 그냥 녹은 걸까?' 헷갈리는 상황에 모두 고개를 갸웃거렸다. 마지막 수단! 드디어 물고기 사료를 준비했다. 작은 알갱이들을 조심스럽게 물 위에 뿌려주었다.

"우리가 먹이를 줘서 몽실이가 입을 뻐금거려요. 냠냠 하는 거 같아요."

아이들 얼굴엔 환한 웃음이 피어났다. 드디어 몽실이 입맛에 딱 맞는 음식을 찾았다. 그렇게 아이들은 몽실이를 관찰하는 것으로 하루를 시작했다. 매일 밥도 주고 물도 갈아주었다. 방과후 과정 시간에는 가정에서 보내주신 개구리 그림책을 자주 읽으며 몽실이가 어떤 개구리로 자랄지를 기대하였다.

일주일이 지난 후 6월 13일. 둥근 몸통에 작은 뒷다리가 쏙하고 나왔다. 열심히 관찰하던 아이들은 몽실이 그림을 그렸다. 몽실이에게 주기 위해 어항용 수초를 가져온 아이도 있었다. 아이들의 사랑을 듬뿍 받은 몽실이는 시간이 흘러 6월 17일, 이번엔 앞다리가 나왔다.

"선생님, 진짜 뒷다리가 쑥, 앞다리가 쑥이네요!"

개구리 동요와 똑같다고 신기해하였다. 다음날, 놀라운 일이 일어났다. 어제까지만 해도 헤엄만 치던 몽실이가 물 밖으로 나와 숨을 쉬었다. 머리 끝이 짙은 초록색으로 변했다. 개구리가 되기까지 꼬리만 남았다. 꼬리가 사라지는 동안 밥을 안 먹는다고 해서 우리는 몽실이를 지켜보기만 했다. 몽실이가 점프하며 벽에 붙을 때마다 아이들끼리 이야기가 오갔다.

"몽실이가 계속 점프해요. 파리 잡을 연습을 하나 봐요. 파리 잡아줘야겠어요."

"몽실이가 세상이 그리워서 계속 뛰나 봐요. 얼른 텃논에 보내줘요."

"아직 꼬리가 남아 있으니까 좀 더 같이 있고 싶어요."

6월 19일 몽실이의 꼬리가 완전히 사라졌다. 이제 몽실이를 보내줘야 할 때가 되었다. 더 함께하고 싶어 하는 아이들도 있었지만, 넓은 곳에서 마음껏 헤엄치고 살아야 할 몽실이를 생각하는 마음으로 유치원 텃논에 보내주었다. "안녕, 텃논에서도 잘 살아. 함께해서 고마웠어." 몽실이에게 따뜻한 마음을 전한 후 손을 흔들며 보내주었다. '폴짝!' 하고 몽실이가 힘차게 뛰어 텃논에 있는 모에 앉았다.

생태유치원에서 생활하는 우리 아이들은 유치원 마당과 텃논에서 뛰어놀고 자연을 관찰하며 자연과 함께하는 삶을 자연스럽게 배우고 있다. 참새와 올챙이 말고도 텃논에 모가 자랄 때는 소금쟁이, 개구리밥, 우렁이, 호리병벌 등을 만날 수 있고, 벼가 무르익을 때는 까치, 까마귀, 메뚜기, 고추잠자리도 만날 수 있다. 남은 낟알을 참새에게 나눠줬듯이, 올챙이 몽실이가 잘 살 수 있도록 키우고 텃논에 보내줬듯이 자연에서 살아가는 동식물의 삶을 공감하고 함께 살아갈 방법을 고민한 아이들은 어느새 생명을 존중하는 생태 시민으로 성장하고 있었다.

텃논에서 발자국을 만나다

아침마다 텃밭과 텃논을 둘러보는 일은 나의 하루를 여는 의식이다. 계절의 변화와 작물의 성장을 살피며 자연의 신호에 귀 기울이는 시간이다. 어느 날, 텃논 위에 선명한 발자국 두 개가 찍혀 있는 것을 발견했다. 작은 흔적 하나가 곧 아이들과 나눌 새로운 이야기가 될 것 같아 사진으로 남겼다.

아이들에게 발자국에 대해 이야기하자 이미 본 적이 있다는 듯 반짝이는 눈빛을 보였다. 곧장 텃논으로 향한 아이들은 발자국을 관찰하며 주인을 추리하기 시작했다. 어떤 아이는 새, 또 다른 아이는 공룡이나 강아지라고 상상했다. 도감을 펼쳐 비교하고, 서로의 의견을 확인하며 자연스럽게 탐구와 토론이 이어졌다.

추리는 교실로까지 확장되었다. 아이들은 인터넷 자료와 책 속의 발자국 그림을 대조하며 고양이일지, 강아지일지 의견을 좁혀 갔다. 때로는 까치일지도 모른다는 상상도 더해졌다. 작은 발자국 하나가 아이들에게 관찰과 탐구의 기회를 주었고, 서로의 생각을 존중하며 배움을 확장하는 경험이 되었다.

어느 날, 아이들과 점심 식사 중이었다. 햇살이 따뜻하게 들어오는 창가에 앉아 이야기를 나누던 중, 한 아이가 갑자기 소리를 질렀다.

"선생님! 저기! 저기 까치 있어요!"

순간 모두의 시선이 텃논 쪽으로 향했다. 까치 두 마리가 조심스럽게 텃논에 내려앉아 무언가를 살피고 있었다.

"새의 발자국! 까치였어요!"

젓가락을 내려놓고 조심스럽게 창가로 몰려들어, 까치의 움직임을 관찰하며 속삭이듯 이야기를 나눴다.

"까치가 뭐 먹는 거야?"
"지금 땅을 쪼고 있어요! 뭐가 있나 봐요."
"올챙이 먹는 거 아닐까?"

누군가 걱정스레 중얼거렸다.

"아… 귀여운 올챙이들… 까치가 먹으면 어떡하지?"

까치라는 이름을 알게 되었지만, 아이들의 궁금증은 멈추지 않았다. 왜 왔는지, 무엇을 먹는지, 자주 오는지…. 호기심은 끝없이 이어졌다.

"선생님, 우리 까치 관찰해 볼까요?"
"우리가 까치 일기 쓰면 어때?"

나의 제안은 곧 실천으로 이어졌다. 아이들은 '까치 관찰일지'를 만들고, 텃논 근처에 까치가 나타나면 조용히 창가로 다가가 행동을 기록했다.

"오늘은 텃밭 앞까지 왔어요."
"풀숲에 앉았다가 다시 날아갔어요."
"오늘은 까치가 안 왔어요, 아쉽다."

등장 여부, 머문 시간, 행동 등을 적어나가는 모습은 마치 작은 과학자가 된 듯했다. 아이들은 이름도 붙였다.

"얘 이름은 '까까이'예요."

"아니야, '먹보'도 좋아요!"

이름은 어느새 두 개가 되었고, 아이들은 상황에 따라 다르게 부르며 까치에게 애정을 표현했다. 까치는 이제 아이들의 놀이와 배움 속에 자연스럽게 스며든 친구가 되었다.

이 경험은 흙산 놀이와 교실 활동으로도 이어졌다. 아이들은 직접 발자국을 남기며 서로의 크기와 모양을 비교했다. 발자국은 자기와 타인을 알아가는 퀴즈가 되었고, 다름을 관찰하고 이해하는 배움으로 확장되었다. 교실에서는 손도장과 발자국 그리기를 하며 자신과 친구의 특징을 발견했다. 놀이의 흐름은 그림자 관찰로까지 이어졌다. 아이들의 그림자로 만든 퀴즈를 통해 친구의 특징을 알

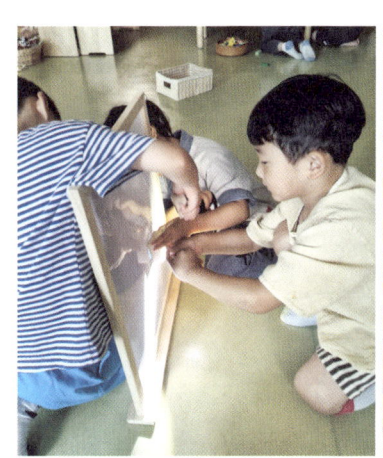 

아보고, 단순한 형태 속에서도 친구의 습관과 몸짓을 떠올리며 맞추었다.

텃논 위의 작은 발자국 하나는 아이들에게 수많은 질문과 가능성을 열어주었다. 아이들은 자연의 흔적 속에서 자신만의 해석을 만들고, 그것을 친구들과 나누며 스스로 배움을 만들어갔다. 나는 그 곁에서 함께 바라보며 기다리는 존재일 뿐이었다.

생태유치원에서의 배움은 가르침이 아니라 '함께 있음'의 경험이다. 아이들은 자연과 관계를 맺고, 그 속에서 질문을 만들며 살아 있는 지식을 길어 올린다. 흙 위의 발자국처럼, 아이들의 경험도 그렇게 몸과 마음 위에 남는다. 그 흔적은 단지 지나간 것이 아닌, 아이들과 함께 살아낸 순간의 기록이었다.

쌀 한 톨,
떡 한 입

    햇살 좋은 봄날, 텃논에 맨발로 들어가 아이들과 함께 모를 심으며 시작했던 벼농사. 매일 시나브로 자라나는 벼를 보면서 우리는 틀린 그림 찾기 놀이를 하듯 벼의 변화를 찾았다. 손톱으로 조심조심 껍질을 까보며, 어제는 벼 알이 비어 있었는데 오늘은 하얀 물이 들어 있고, 내일은 쌀이 들어 있을까 기대하는 시간이었다. 손바닥만 했던 모가 어느새 키만큼 자라 줄기가 날카로워지고, 낟알이 맺히고 벼가 누렇게 익어가던 가을, 우리는 낫 대신 가위를 들고 벼를 베었다. 홀태질(곡식을 훑어 떠는 일)을 하고, 절구로 찧고, 키로 벼 껍질을 날려보며 아이들은 수확의 기쁨을 느꼈다.

"살살 당기면 안 되고요, 세게 당겨야 벼가 떨어져요!"

유치원 전체가 함께한 추수 한마당은 생활과 놀이, 배움이 만나는 장이었다. 나는 아이들과 함께 추수의 이야기를 이어가고 싶었다. 모를 심고부터 꾸준히 품어왔던 물음, "언제 쌀이 돼요?", "벼에서 진짜 떡이 나와요?"에 대한 답을 찾으며 벼의 삶을 조금 더 깊게 들여다보고, 놀이 속에서 아이들이 직접 그 끝을 탐색할 수 있도록 돕고 싶었다.

이런 고민 끝에, 나는 벼 낟알을 교실 안으로 들여왔다. 벼가 있는 곳에 우리가 가는 것이 아니라 교실에 낟알을 가지고 들어오니 아이들이 교실에서도 쿵쿵 절구를 찧기 시작했다. 정미소가 만들어졌다. 바닥에 날리는 껍질쯤은 잠시 못 본 척하기로 했다. 아이들은 그렇게 다시 벼와 만났다. 절구, 키, 낟알을 교실 한편에 두자 이미 추수를 경험한 아이들은 아주 익숙한 손길로 절구에 낟알을 넣고 찧어 껍질을 벗기고 키질로 껍질을 날려 보냈다. 그러자 아주 조금씩 하얀 쌀이 모였다. 티끌 모아 티끌이었다. 그렇게 티끌처럼 모은 쌀을 자세히 보더니 밥처럼 생겼다고 했다.

낟알을 절구에 넣고 찧어서 밥 한 공기를 만드는 일은 쉽지 않았다. 생각보다 껍질이 잘 벗겨지지 않았고, 쌀은 잘 모이지 않았던 것

이다. 이때 나는 맷돌을 떠올렸다. 맷돌이라는 도구가 이 놀이의 흐름을 다시 '움직이게 하는 전환점'이 될 것이라고 생각했다. 맷돌 안에 낟알을 넣고 돌리자 아이들이 '우와!' 하는 탄성과 함께 웃음을 터트렸다. 절구랑은 비교할 수 없을 만큼 많은 껍질이 우수수 쏟아져 나왔기 때문이다.

"그런데 쌀은 어디로 갔지?"

맷돌에서 나온 가루는 더 이상 쌀이 아닌, 또 다른 재료가 되어 있었다. 맷돌을 열자, 안에는 하얀 가루가 가득했다. 맷돌에서 나온 하얀 쌀가루를 보고 '이건 떡의 시작일 수도 있겠다'는 기대를 품었다. 그래서 넌지시 아이들에게 쌀은 밥이 되기도 하지만 떡으로 만들어지기도 한다는 이야기를 풀었다. 그 이야기를 들은 아이들은 맷돌 바닥에 깔린 쌀가루를 만지작거리며 새로운 궁금증을 품었다.

"이거 물 넣으면 떡이 돼요?"

쌀가루가 진짜 떡이 될지 궁금해진 아이들은 직접 실험해 보기로 했다. 처음엔 아주 적은 양의 물을 넣어 꾹꾹 뭉쳐보기도 하고, 물을 아주 많이 넣어 쌀가루를 불려보기도 했다. 결론적으로는 둘 다 떡이 되지는 않았다. 떡처럼 뭉쳐지기에는 아이들이 간 쌀가루는 껍질이 너무 많이 섞여 있어서 이게 쌀가루인지 벼 껍질 가루인지 모를 정도였으니 말이다. 물에 불려보는 것도 좋은 방법은 아니었다. 다음날이 되면 발효되는 냄새가 나서 교실에 오래 둘 수가 없었기 때문이다. 하지만 이 실패는 아이들의 놀이를 멈추게 하지 않았다. 오히려 더 많은 시도와 상상이 이어졌다. 쌀가루를 주무르고 모양 틀에 넣어 떡처럼 만들어 보기도 했다. 교실 한쪽이 떡 가게로 변했다.

그러나 실제 쌀가루와 물만으로는 상상 속의 멋진 떡을 만들어내기란 쉽지 않았다. 아이들이 머릿속에 그리는 떡의 모습과 손끝에서 만들어지는 결과물 사이에는 분명한 간극이 있었다. 그래서 나는 아이들의 상상을 현실로 연결해 주는 매개로 곡물 클레이를 제공해 주었다. 곡물 클레이를 받은 아이들의 손에서는 다양한 떡들이 태어났다. 한 아이는 무지개떡을 만들며 색깔마다 다른 맛이 날 것이라 상상했고, 또 다른 아이는 벼 껍질을 콩고물 삼아 인절미를 만들었다. 송편, 꿀떡, 시루떡, 절편… 자신들이 만든 다양한 떡을 포장하고 메뉴판을 만들며 떡 가게 놀이가 한창이었다.

그러나 놀이가 깊어질수록 아이들의 욕구도 커져갔다.

"선생님, 진짜 떡 만들어 먹고 싶어요!"

아이들의 입에서 진짜 떡을 만들어 보자는 이야기가 나왔다. 아이들의 바람은 아주 분명했다. 재미로만 여겼던 놀이에서 진짜 먹을 수 있는 결과물을 만들어 보자는 새로운 도전이 생겨났다. 나는 고민 끝에 이 흐름을 이어가 보기로 했다.

우리는 함께 먹을 수 있는 떡, 백설기를 만들어 보기로 했다. 맷돌로 갈아낼 때 나오던 거친 쌀가루와는 달리 시중에서 파는 쌀가루는 아주 곱고 부드러웠다. 쌀가루에 우유를 조금씩 넣어가며 촉촉하게 반죽하고, 체에 걸러 더 곱게 만들었다. 반죽을 찜기에 담는

과정에서도 아이들은 신중했다. 모두가 똑같은 크기의 떡을 먹어야 하니 공평하게 9개로 나눠야 한다고 나에게 부탁하기도 했다.

쌀가루 위에 콩고물, 또 그 위에 쌀가루를 올렸더니 먹음직스러운 백설기의 모양이 잡혀갔다. 찜기에서 김이 오르기를 기다리는 동안, 아이들은 놀이하면서도 흘깃흘깃 찜기 주변을 맴돌았다. 마침내 뚜껑을 열고 따뜻한 증기와 함께 하얀 백설기의 모습이 드러났을 때, 그리고 그 백설기를 직접 맛보았을 때, 그제야 아이들은 우리가 키운 쌀이 진짜 떡이 된다는 것을 비로소 알게 되었다. 머리로만 아는 것이 아니라 몸으로 경험하고 감각으로 깨달은 배움이었다. "진짜 떡이다!"라고 외치는 아이들을 보며, 그간의 모든 과정이 이어졌음을 실감할 수 있었다. 우리가 먹은 백설기는 그저 먹는 떡이 아니라 봄부터 이어져 온 벼농사의 결실이자 놀이를 통해 연결된 배움의 완성이었다.

자연 속에서 계절의 흐름을 따라가는 배움은 하루아침에 이루어지지 않는다. 봄의 모내기, 여름의 벼 관찰, 가을의 추수까지 시간이 걸리고, 그 시간 동안 아이들은 수없이 작은 질문과 호기심을 품는다. 이번 쌀 놀이도 마찬가지였다. 봄에 시작된 아이들의 질문은 여름과 가을을 거치며 자라났고, 마침내 백설기를 맛보는 순간 완성되었다. 아이들의 작은 질문에서 시작된 쌀 놀이는, 그 자체로 하나의 긴 여행이었다. 그리고 여행의 끝은 새로운 시작이었다.

텃논으로 한걸음

2장

흙산으로 갑니다

아이들은
흙을 통해
마음껏 더러워질
자유가 있다.

흙에서
공룡까지

손끝으로 살짝만 스쳐도 밀가루처럼 흩어지는 황토는 마치 아이들의 손길을 기다리는 듯 포근하게 다가온다. 건조할 때는 고운 가루처럼 흩날리지만, 물을 만나면 단단한 알갱이로 뭉쳐 또 다른 질감으로 변신한다. 촉촉한 상태에서는 반죽처럼 손에 들러붙기도 하고, 물의 양과 섞이는 방식에 따라 질척거리기도 하며 형태를 유지하는 힘도 달라진다. 이처럼 황토의 변화는 아이들의 감각을 자극하고 놀이에 깊이 몰입하게 만드는 마법과도 같다. 황토는 독소를 흡착하고 습도를 조절하며 따뜻한 온기를 머금는 특성도 가지고 있어 단순한 놀이 재료를 넘어선 자연 그 자체이다.

이런 황토의 품 안에서 아이들은 마냥 노는 것이 아니라 자연의

원리를 오감으로 경험하고 있다. 흙산은 아이들이 흙의 온도, 습도, 질감, 무게, 냄새까지 느끼며 자연과 친구가 되는 놀이터이다. 물을 만나 단단한 알갱이로 변한 황토를 맨발로 디디는 순간, 아이들은 전혀 새로운 감각과 마주한다.

"선생님, 발바닥이 너무 아파요. 딱딱한 돌멩이가 많아요."

맨발로 흙을 밟아본 경험이 없는 아이들에게는 황토가 낯설고 불편한 존재일 수 있다. 그러나 흙산에 맨발로 들어서는 '첫 번째 관문'을 통과하면, 아이들은 황토와 조금 더 가까워진다. 높게 쌓인 흙산을 오르고, 구르고, 누우며 흙을 온몸으로 만난다. 흙산의 꼭대기에 올라 아래를 내려다보며 세상을 새롭게 바라보고, 털썩 주저앉아 미끄럼을 타며 흙과 가까워진다.

열심히 미끄럼을 타다 보면 엉덩이에 황토가 물들고, 데굴데굴 구르며 흙의 부드러움과 냄새를 고스란히 느낀다. 손등에 올려보고, 발가락으로 꼼지락거리며 황토의 촉감을 탐색한다.

"내 발 어디 있게? 찾아봐!"

흙 속에 발을 숨기고 친구들에게 찾아보라며 웃음 짓는 아이. 손과 발을 숨기며 흙과 친해지는 시간은 그 자체로 놀이가 된다. 그러다 한 아이가 작은 삽을 들고 와 흙을 파기 시작했다. "왜 그렇게 열심히 파고 있니?"라고 묻자, "커다랗게 파서 들어가고 싶어요!"라고 대답했다. 여럿이 함께 땅을 파며 자신의 엉덩이를 넣어보면서 크기를 가늠하고, 마침내 몸이 쏙 들어가자 털썩 주저앉아 하늘을 올려다본다.

그 순간, 아이는 흙으로 만든 자신만의 공간 안에서 자연과 하나가 된다. 옆에서 지켜보던 일곱 살 아이는 붓을 들고 흙산으로 다가왔다. 미끄럼을 타며 단단해진 흙 위를 조심스럽게 붓질하며 탐색하더니, 갑자기 외쳤다.

"애들아, 이거 봐봐! 화석이야! 공룡을 발견했어!"

과학자처럼 집중하며 붓질을 하는 아이의 모습에 다른 친구들도 붓을 들고 모여들었다. 딱딱하게 굳은 황토 조각을 찾아낸 여섯 살 아이는 "이거 공룡알이야!"라며 또 다른 상상의 문을 열었다. 아이들은 흙산에서 몸으로 자연을 만지고, 놀이를 통해 자연을 이해하고, 스스로 이야기를 만들어간다. 흙은 평범한 재료가 아니라 아이들에게 세상과 연결되는 창구이며, 그 속에서 아이들은 상상력을 펼치고 모험심을 키워나간다. 그래서 흙산은 자연이 아이들에게 건네는 살아 있는 놀이터이다.

흙 속 공룡 화석에서 지구의 아픔까지

흙산에서 공룡 화석을 찾던 아이들은 점점 공룡에 대해 더 많은 궁금증을 갖게 되었다. 흙산놀이가 끝나고 교실로 들어오자마자 공룡 책을 꺼내 들고는 열심히 그림을 살펴보았다. 그러다 한 아이가 책장을 덮으며, 공룡을 실제로 볼 수 있다면 좋겠지만 이제는 모두 사라졌다고 말했다. 왜 공룡이 사라졌는지 궁금해하는 동생들에게 화산 폭발이나 기후 변화로 인해 공룡이 살 수 없게 되었다는 것, 북극곰도 사라지고 있다고 이야기했다.

그리고 우리가 쓰레기를 많이 버려 지구를 아프게 했기 때문이라고 조용히 덧붙였다. 지구가 아프기 때문에 자신들이 좋아하는 곤충이나 식물도 점점 사라져가고 있다는 사실을, 그리고 이렇게 덥고 숨 막히는 여름날이 계속될 수 있다는 것을 아이들은 자연스럽게 받아들이게 되었다.

"우리가 지구를 아프지 않게 해보자!"

아이들은 먼저 주변에서 버려지는 것들을 찾아보기 시작했다. 색종이 조각, 택배 상자, 찢어진 종이들… 모두 쓰레기처럼 보였지만, 아이들의 손에서는 새로운 생명을 얻게 되었다. 며칠 동안 물에 불린 종이를 잘게 찢고, 손으로 조물조물 부순 뒤 종이 틀 위에 펼쳐서 햇볕에 말렸다. 그렇게 완성된 재생종이 위에는 각자의 마음을 담은 편지를 쓰기도 하고, 자연을 담은 그림을 그리기도 했다. 세상에 하나뿐인 종이는 아이들에게 '버려진 것도 다시 태어날 수 있다'는 소중한 경험을 안겨주었다.

또한 아이들은 페트병을 모아 다양한 놀이도구를 만들었다. 페트병을 이어 붙여 야구 방망이를 만들고, 좋아하는 곤충의 모습도 표현해 보았다. 무더운 여름날에는 페트병을 이용해 물총을 만들고, 시원한 물총놀이를 즐기며 더위도 식혔다. 작은 실천이지만, 아이들의 마음에는 분명한 변화가 일어났다. 재미있는 놀이를 통해 자연을 아끼고 지구를 사랑하는 방법을 배운 것이다.

아이들의 손에서 시작된 이 작은 변화는, 지구를 지키는 큰 씨앗이 될 수 있다. 아이들은 지구를 아프지 않게 하기 위해 생활 속에서 실천할 수 있는 일들을 하나씩 찾아 나갔다. 종이를 아껴 쓰고, 분리배출을 꼼꼼히 하며, 밥을 남기지 않도록 노력했다. 놀이터에 떨어진 쓰레기를 주워 모으고, 칫솔질을 할 때는 양치컵을 사용하는 것까지 아이들 스스로 약속을 정하고 지켜나갔다.

다른 반 친구들에게도 이 마음을 나누기 위한 캠페인을 준비하게 되었다. 어떻게 하면 친구들에게 우리의 마음을 잘 전할 수 있을까 고민하던 아이들은, 우리가 해온 실천을 노래로 만들자고 의견을 모았다. 그리하여 탄생한 노래, 〈탄소중립 함께해요〉.

종이를 아껴 쓰는 이야기, 밥을 남기지 않는 습관, 분리배출의 중요성과 양치컵 사용까지…. 아이들이 직접 만든 가사 속에는 그동안의 실천과 지구를 향한 따뜻한 마음이 고스란히 담겨 있었다. 노래를 부르며 친구들에게 알리는 캠페인은 큰 호응을 얻었다.

아이들의 목소리는 작지만, 그 울림은 크다. 이 울림은 지구가 다시 건강해질 수 있는 희망의 노래이다.

흙산에서 시작된 아이들의 놀이는 신체 활동이나 감각 놀이를 넘어 자연에 대한 호기심과 상상력, 그리고 공감을 키우는 계기가 되었다. 공룡 화석 놀이를 통해 멸종과 환경 문제에 관심을 갖게 되었고, 그 관심은 지구를 아프게 하지 않기 위한 실천으로 자연스럽게 이어졌다.

버려지는 물건을 재활용하고, 생활 속에서 탄소를 줄일 수 있는 작은 실천들을 하나씩 실현해 나가며, 아이들은 '나'만이 아니라 '우리 모두'가 함께 지구를 지켜야 한다는 것을 배우게 되었다. 결국 흙에서 시작된 놀이가 탄소중립이라는 삶의 태도로 확장되었고, 이는 아이들이 자연과 더불어 살아가는 생태 시민으로 자라나는 소중한 첫걸음이 되었다. 아이들의 놀이와 실천은 지구를 지키는 가장 순수하고 강력한 움직임이다.

커다란 흙산만큼 좋아해

 '폴짝폴짝 뛰어요. 엉금엉금 기어요. 흙을 밟고 놀아요. 우리 모두 다 함께 온몸으로 배워요. 재미있는 나성유치원!' 우리 유치원의 원가이다. 노래 가사처럼 나성유치원의 아이들은 자연으로 나가 온몸으로 배운다. 비가 올 때는 우비를 입고 나가기도 한다. 폴짝폴짝 뛰어노는 우리 아이들이 가장 좋아하는 배움터 중 하나가 바로 흙산이다.

 같은 장소, 같은 놀잇감이지만 놀이 흐름과 몰입은 아이들마다 다양하게 나타난다. 어떤 아이는 흙산을 오르락내리락하며 몸의 균형을 기르고, 어떤 아이는 화석을 찾듯 단단한 흙덩이나 돌멩이를 캐며 탐구한다. 또 다른 아이는 체로 흙을 걸러 곱게 만든 흙을 양동이에 담아보며 흙의 감촉을 즐긴다. 부드러울 수도, 질퍽거릴 수도, 딱딱할 수도 있는 흙은 아이들의 상상력을 자극한다.

그런데 어느 순간 아이들이 비슷한 놀이만 반복하는 것처럼 느껴졌다. '너무 흙만 파는 거 아닌가?' 혹시 놀이를 충분히 지원하지 못하는 건지 고민이 들었다. 아이들의 놀이를 지켜보며 지원과 확장의 필요성을 느꼈고, 옆 반과 상의하여 다양한 흙산 놀이 방법을 찾아보았다. 여러 가지 재밌는 흙 놀이를 찾아 몇몇 놀이를 아이들에게 제안하니 아이들의 눈이 반짝였다. 그 결과 아이들과 함께 시도하게 된 새로운 놀이는 '흙산 썰매(흙산 미끄럼틀)'와 '흙 글씨 쓰기'였다. 다 같이 어떻게 할 수 있을지 학급 다 모임을 가졌다.

"힘을 합쳐 흙산을 더 높게 쌓아서 미끄럼틀처럼 만들어요."
"택배 상자에 끈을 달아서 진짜 썰매처럼 만들어요."

아이들마다 다양한 생각이 나왔다. 썰매를 탈 생각에 아이들의 목소리가 커졌다. 안전하게 놀기 위해 썰매 길은 나무 쪽이 아니라 앞에 빈 공간이 있는 방향으로 하기로 하였고, 형님들은 동생들을 위해 썰매 멈추는 방법을 시범 보이기도 하였다. 한 가지 목표가 생긴 아이들은 흙산 놀이를 시작하자마자 삽과 양동이를 가지고 흙을

열심히 퍼서 나르고 쌓았다.

  아이들의 열정에 우리들도 힘을 합쳤다. "흙 대장님, 여기 흙 필요해!"라고 말하며 흙산을 쌓는데 생각보다 흙이 잘 흩어졌다. 한 아이가 "물을 부으면 어떨까? 얘들아 나와. 여기 물 뿌릴게!"라고 말하며 물을 붓자 흙이 진흙이 되어 잘 쌓아졌다. 흙 대장님, 물 대장님 이렇게 역할을 나눠 커다란 흙산을 쌓았다.

  산 모양이 되면서 비탈길은 점점 미끄러워졌다. 올라가다가 조금씩 미끄러지는 친구들을 보며 한 아이가 계단 만들기를 제안했다. "올라가다가 미끄러질 수도 있으니까 계단이 필요해.", "동생들은 오르기 힘들잖아." 하며 썰매 길 뒤편에 계단을 만들었다. 흙산 놀이가 끝난 후 제법 우뚝 솟은 흙산이 완성되었다. 아이들은 흙을 잔뜩 뒤집어쓰고 땀도 송골송골 맺혔지만, 표정에는 뿌듯함이 가득했다.

다른 반에도 우리의 놀이를 공유하자 흙산 놀이를 할 때 열심히 흙을 쌓아주었다. 처음 흙산의 모습부터 우리 반과 다른 반이 함께 쌓아온 과정을 사진으로 보면서 아이들도 기뻐했다. 그런데 흙산 썰매를 타기로 한 당일, 나의 예상과 달리 막상 흙산 썰매에 관심을 가지는 아이가 적었다. 오히려 흙을 쌓는 것과 흙 글씨 쓰기에 관심을 가졌다. 아이들의 놀이 흥미는 예측할 수 없다. 나의 기대와 달랐지만, 이 또한 중요한 깨달음이었다.

흙산 만들기를 열심히 했던 아이들은 다른 쪽에 가서 이번엔 모래 폭포랑 물길을 만들었다. 친구랑 같이 무언가를 만드는 것 자체가 재미있었나 보다. 몇몇 아이들만 두근두근 기대하며 흙산에 올라 택배 상자 썰매에 앉아 탔다. 그런데 생각보다 썰매가 잘 안 내려갔다. 흙산 내리막길이 군데군데 밟히고 물에 닿은 흙이 굳으면서 울퉁불퉁하게 된 것이다.

큰일 났다! 아이들이 열심히 한 노력이 허무하게 될까 봐 선생님들끼리 서둘러 다른 방법을 생각했다. 썰매를 좀 밀어주니 잘 내려갔다. 해맑은 얼굴로 썰매를 타고 "와! 재미있어요. 또 탈래요." 하는 아이를 보니 안심이 되었다. 아이들은 완벽한 결과보다는 과정에서 함께하는 즐거움을 더 소중히 여겼다. 흙 글씨 쓰기는 정말 인기가 많았다. 딱풀이나 물풀로 글씨를 쓰고 위에 흙을 뿌리면 하얀 종이에 황토색 글씨가 나타난다. "선생님, 비밀 편지 같아요!"라고 말하며 그림을 그리거나 '사랑해' 글씨를 적고, 만졌을 때 더 부드러운 글씨를 만들기 위해 체에 몇 번을 걸러 고운 흙을 만들기도 하였다.

　한동안 모래 폭포 만들기, 흙산 미끄럼, 흙산 썰매, 흙 글씨 쓰기 등 다양한 놀이가 이루어졌다. 처음에는 나의 개입이 아이들에게 별로 좋지 않을까 걱정도 되었다. 하지만, 아이들은 한 가지 목표를 위해 협동하는 과정에서 우정과 성취감을 느낄 수 있었고, 흙의 특성을 활용한 또 다른 놀이를 알게 되었다. 이번 경험을 통해 적절한

개입은 놀이의 깊이와 확장성을 높이는 마중물이 된다는 것을 깨닫게 되었다. 그리고 놀이를 지원했을 때, 항상 예상한 대로만 되지는 않는다는 것을 느꼈다. 아이들의 놀이는 정해진 틀에 제한되지 않고, 아이의 자발성과 주도성을 기반으로 다양하게 확장되었다.

추운 겨울이 오기 전까지 흙산 놀이하는 날은 거의 빼먹지 않고 흙산으로 나갔다. '나성유치원에서 가장 좋아하는 놀이 배움터' 투표에서 무려 14명의 아이가 흙산을 선택했다. 이유는 단순했다.

"흙 만지는 게 좋아요. 항상 재미있어요. 친구랑도 실컷 놀잖아요."
"커다란 흙산만큼 좋아해요."

흙산은 아이들이 몸과 마음으로 배우고 성장하는 배움의 산이다. 아이들은 흙을 만지고, 오르고, 쌓고, 나누며 스스로 배움의 길을 열어나갔다. 나는 그 곁에서 동반자로 함께하며 아이들과 함께 배우는 존재임을 느꼈다. 아이가 흙산을 향해 "커다란 흙산의 반만큼 좋아해!"라고 말했을 때 놀이의 즐거움뿐만 아니라 배움의 즐거움이 함께 느껴지는 고백으로 느껴졌다.

협곡이
만들어진 날

비가 내린 다음 날 아침, 흙산은 어제와는 사뭇 다른 얼굴을 하고 있었다. 마치 숨을 쉬듯 수분을 머금고 있었던 것이다. 평소보다 짙어진 황토색은 어스름한 햇살과 어우러져 더 깊이 있는 색감을 자아냈고, 흙에서 올라오는 흙냄새는 아이들의 코끝을 간지럽혔다.

"오늘은 어떻게 놀까?"

누군가 중얼거린다. 대답이라도 하듯 아이들의 발걸음은 자연스레 흙산을 향했다. 아무도 먼저 하자고 말하지 않았지만, 어느새 아이들의 몸은 놀이를 시작할 준비가 되어 있었다. 한 아이가 뒤를 돌아보다가 흙산 주변에 고인 작은 물웅덩이들을 발견했다. 맑지는 않지만 투명한 물이 고여 있는 그 모습은 아이의 눈을 사로잡았다. 두 손을 모아 물을 떠 흙 위에 뿌리기를 반복하던 중, 옆에 있던 다른 아이가 손가락으로 흙을 문지르기 시작했다. 굴리듯 파듯 흙에 작은 구멍을 만들고는 말한다.

"여기에 뿌려봐."

그 말에 따라 손바닥에 모은 물을 구멍에 살짝 부어본다.

"우와, 흙 속으로 물이 들어갔어!"
"여기 물이 고였어. 이거 모아서 뭐 만들면 되겠다!"

아이들의 반짝이는 한마디가 놀이의 출발점이 된다. 이어 더 많은 물을 담기 위해 바구니를 들고 가 조심스럽게 물을 가져온 아이는 흙 위에 조르르 물을 붓는다. 그러자 흙 위로 가느다란 물줄기가 흘러내리기 시작한다.

"우와! 물이 내려간다!"

아이들의 감탄이 여기저기서 터진다. 물이 흐르는 길을 따라 손가락이 움직이고, 물이 멈춘 곳에 다시 구멍을 내어 흐름을 유도한다. 마치 작은 기술자들처럼 물의 움직임을 관찰하고, 실험하며 놀이를 이어간다. 몇 번이고 이 놀이를 반복하다 보니 어느새 물이 흐른 자리는 작은 길처럼 자국이 남고, 구멍마다 물이 고이기 시작했다.

"동그란 웅덩이가 생겼네?"
"더 크게 만들어 보자!"

아이들은 누가 먼저랄 것도 없이 삽을 들고 와 땅을 깊게 판다. 손에 힘이 들어가고 팔과 무릎에는 진흙이 묻는다. 하지만 그런 건 중요하지 않다. 눈앞에서 점점 자라나는 '작은 강'이 더없이 신기하고 소중할 뿐이다. 물을 담아온 아이가 "간다~!" 하며 또다시 물을 붓는다. 강물처럼 흘러가는 물은 새로운 길을 만나 다른 곳으로 방향을 튼다. 아이들은 손가락으로 흙을 밀어내며 물길을 내고, 다른 아이는 물이 넘치지 않게 작은 둑을 쌓는다.

"여기 막아야 해! 너무 새!"
"이쪽으로 가게 해야지!"

자연스럽게 역할이 나뉜다. 물을 붓는 아이, 길을 만드는 아이, 둑을 지키는 아이. 서로 말없이도 손발이 맞고, 소통은 점점 정교해진다. 마치 작은 공사 현장처럼 바쁘면서도 질서가 있는 모습이다. 그때, 한 아이가 외친다.

"선생님! 여긴 이제 '흙산 강'이에요. 진짜로요!"

이름이 붙는 순간, 흙산은 더 이상 그냥 놀이터가 아니었다. 아이들의 상상력과 손끝에서 만들어진 이 강은, 살아 숨 쉬는 진짜 '지형'이 되었다.

"내가 물 더 가져올게."

"나는 여기 더 높일게."

"너는 물이 새면 말해줘."

아이들은 각자의 역할에 책임을 느끼고, 놀이에 더욱 몰입한다. 흙과 물이라는 재료가 이토록 다채로운 세계를 만들어 낼 줄이야. 그들의 눈빛은 진지했고, 몸은 점점 더 흙투성이가 되어갔다. 이마에 맺힌 땀방울이 턱을 타고 흘러내려도 누구 하나 멈추지 않았다. 물이 모이는 곳에는 이제 작지만 깊은 웅덩이가 생겼고 물줄기가 여러 갈래로 이어지며 구불구불한 지형이 완성되어 간다.

"여기, 물이 다 모였어!"

"물고기도 살 수 있겠다!"

한 아이가 말을 던지자 또 다른 아이가 "우리 이름도 정하자. 음, '흙산 강' 어때?"라고 말한다. 그때 내가 조심스럽게 질문을 건넨다.

"이렇게 여러 물줄기가 연결되고 구불구불한 것을 '협곡'이라고 도 하는데 협곡이라고 하면 어떨까?"

"협곡? 멋있다. 좋아요. 좋아."

이름이 바뀐 순간, 아이들의 세계는 또 한층 깊어졌다. '협곡'이라는 단어가 주는 낯설고도 웅장한 울림이 아이들의 상상력을 자극한 것이다. 한 아이는 작은 나뭇잎을 물에 띄운다.

"이건 배야. 물에 배 떴어~!"

곧이어 또 다른 친구는 넓적한 나뭇가지를 띄워본다. "물에는 물고기도 살잖아."라며 길쭉하게 뭉친 흙을 풍덩 던져 넣는다. 작은 배가 흙산 협곡을 따라 흘러가고, 물고기는 그 곁을 헤엄치는 듯 움직인다. 그리고 교실로 돌아와 다양한 협곡의 사진을 보며 교실 속 놀잇감으로 만들어 보기도 하고, "다음에는 좀 더 길고 구불구불하게 만들자."라며 계획하기도 한다. 이렇게 아이들의 놀이 세계는 점점 더 확장된다.

나는 그저 아이들 곁을 따라다닐 뿐이었다. 어떤 지시도 필요 없었다. 나는 아이들의 목소리, 움직임, 손끝을 지켜보며 그 속에서 자라나는 세계를 목격했다. 이마에 송글송글 맺힌 땀방울, 흙으로 얼룩진 손과 무릎, 그리고 몰입한 눈빛. 아이들은 놀이 속에서 실험하고, 계획하고, 실패하고, 또다시 도전하며 자신만의 세계를 창조하고 있었다.

흙산 위에 생긴 작은 협곡과 웅덩이들. 어른의 눈에는 금방 무너질 작은 '흙길'일지 몰라도 아이들에게는 그날의 기억 속 오래도록 살아남을 '모험의 땅'이었다. 그것은 자연과 상상력, 그리고 아이들의 손끝에서 만들어진 단 하나의 세계였다.

흙산으로 한걸음

3장

텃밭으로 갑니다

텃밭을 가꾼다는 것은,
내가 뿌린 씨앗이 싹트고
자라는 과정을 통해
생명의 소중함을 배우고
함께 성장하는 일이다.

우리 반의
텃밭 레시피

나성유치원 텃밭은 작은 손들이 흙을 만지고, 웃음소리가 바람결에 섞여 퍼지며, 자라나는 생명을 곁에서 바라보는 배움터였다. 나와 가정, 마을이 연결되는 이 마당은 언제나 환한 기쁨만을 주는 공간은 아니었다. 씨앗이 싹을 틔우는 과정에는 늘 크고 작은 우여곡절이 뒤따랐고, 그 속에서 아이들과 나는 함께 배우며 자라났다.

그중 가장 큰 고민은 토마토와 오이를 세울 지지대 문제였다. 오래 두고 쓸 수 있는 쇠 지지대와 자연으로 돌아갈 수 있는 대나무 지지대 사이에서 우리들은 한참을 토론했다. 결국 자연을 생각하며 대나무를 선택했지만, 여린 대나무는 토마토의 무게를 버티지 못했다.

"선생님, 토마토가 또 넘어졌어요!"

"우리 같이 잡아줄까요? 내가 이쪽 들게요!"

"토마토 안 떨어지게 조심해야 해!."

아이들의 목소리가 텃밭 가득 번졌다. 작은 손들이 서로 부딪히고 겹치며 토마토 줄기를 일으켜 세우는 동안 '작물을 돌본다'는 말은 아이들에게 땀방울로 새겨졌다. 아이들은 넘어짐 속에서도 다시 일어나는 힘을 배웠고, 지켜낸다는 책임감을 조금씩 마음에 담았다. 내년에는 더 튼튼하면서도 자연에 이로운 방법을 찾아야 한다는 숙제가 남았지만 올해의 흔들림은 이미 아이들의 성장으로 바뀌

어 있었다.

텃밭을 지켜내는 데에는 가정의 힘도 컸다. 각 반에서는 주말과 공휴일에 물을 주는 당번을 정했다. 아이들은 학부모와 함께 와서 흙이 촉촉해지는 것을 직접 확인했다. 이런 작은 참여가 모여 텃밭을 더욱 건강하게 만들었다. 텃밭은 우리들만의 힘으로 유지되지 않았다. 원장, 원감, 하모니 선생님은 잡초를 뽑고 곁가지를 쳐 주었으며, 비가 많이 와 물이 고였을 때는 호미를 들고 빗속에서 물길을 터주었다.

올해는 마을 농부도 함께했다. 밭을 갈고 거름을 보태주신 덕분에 작물은 더 건강하게 자랐고 수확량도 풍성해졌다. 텃밭은 이제 3주체(유아,학부모,교사)에서 더 나아가 지역사회가 함께 엮어낸 살아 있는 작품이 되었다. 처음 텃밭을 시작했을 때 나는 두려움이 앞섰다.

'과연 교육적 의미가 있을까? 괜히 힘만 드는 건 아닐까? 내가 이곳에서 자라는 생명들에게 지속하여 관심을 주고 키울 수 있을까?'

정해진 수업과 일과만으로도 벅찬 유치원에서 텃밭은 한동안 부담으로 다가왔다. 그러나 곧 알게 되었다. 텃밭은 나 혼자 감당해야 하는 짐이 아니었다. 우리가 함께 머리를 맞대어 계획을 세우고, 아이들과 할 수 있는 활동을 연구하며 서로 일손을 나누자 텃밭은 점점 '일'이 아니라 '기쁨'으로 변해갔다. 아이들과 역할을 나누고 수확한 재료로 직접 요리를 하며, "오늘은 뭐 만들어요?"라며 기대하는 눈빛을 보낼 때마다 힘이 났다. 어느 날 아이가 수확한 토마토를 들고 와 말했다.

"선생님, 이거 제가 키운 거예요. 오늘 엄마랑 같이 먹을 거예요."

그 말을 듣는 순간, 내가 하는 일이 단순한 텃밭 관리가 아니라 아이들의 삶을 풍요롭게 만드는 일이라는 것을 느꼈다. 아이들이 즐겁게 참여하고 주체적으로 활동할수록 나 역시 설레고 활기를 얻었다. 텃밭은 이제 나에게도 배움의 기쁨을 알려주는 공간이 되었다. 매일 조금씩 자라는 식물처럼 나 역시 자라고 있었고 아이들과 함께 배우고 나누는 특별한 교실이 내 마음에 새로운 생기를 불어넣어 주었다. 앞으로도 이 작은 텃밭에서 아이들과 함께 성장하며 생명이 자라고 마음이 자라는 배움을 이어가고자 한다.

수확의 기쁨, 요리의 배움

봄에 심었던 작물들은 여름을 지나 풍성하게 자라났다. 아이들과 함께 수확한 채소들은 텃밭에서 끝나지 않고 요리로 이어졌다. 아이들은 '내가 키운 작물'이라는 특별한 마음을 담아 채소를 다루었고, 그 손길 속에 애정이 묻어났다. 무럭무럭 자란 바질은 바질페스토와 피자로 변신했다. 아이들이 직접 잎을 따서 절구에 넣고 빻으며 "냄새가 꿀맛 같아요!"라고 감탄했고, 치즈와 함께 오븐에 구운 피자를 나눠 먹을 때는 모두 입가에 미소가 번졌다.

상추는 삼겹살 파티와 햄버거 속에 들어가 순식간에 사라졌다. "내가 키운 상추로 먹으니까 더 맛있어!"라는 아이의 외침은 우리들의 마음도 따뜻하게 했다. 특히 직접 수확한 당근으로 만든 '당근 핫케이크'는 잊지 못할 경험이었다. 아이들은 밀가루를 계량하고 달걀을 깨며 협동과 분업을 배워갔다. 반죽을 저으며 "계란은 왜 넣어요?", "당근은 언제 넣어요?"라는 질문이 쏟아졌다.

"계란은 반죽을 잘 뭉치게 해주고, 당근은 달콤한 맛을 더해주지."
"아하, 그래서 넣는 거구나!"

아이들은 음식이 만들어지는 과정을 탐색하며 작물의 특성을 알게 되었다. 완성된 핫케이크는 옆 반 친구들에게도 나누어 주었다. 자신이 만든 음식을 건네는 순간, 아이들의 얼굴은 뿌듯함으로 가득했다. 점심 후에도 아이들은 남은 핫케이크를 한입 크게 베어 물며 "선생님, 또 만들고 싶어요!"라고 말했다. 우리들 또한 그 모습에 웃음을 감출 수 없었다.

이 외에도 허브를 활용해 만든 허브 오일은 아이들의 손을 타고

가정으로 향했다. 학부모들은 사진과 함께 활용한 이야기를 보내왔다.

"허브 오일을 빵에 찍어 먹었어요, 저녁에 먹었어요."
"스파게티에 넣으니 향긋하고 맛있었어요."
"우리 아이가 직접 만든 오일이라 더 잘 먹었어요."

아이들도 "엄마가 맛있대요!", "아빠가 고기랑 먹었어요!"라며 신이 나서 이야기했다. 우리 반의 텃밭 레시피를 통해 요리와 나눔, 배움과 실천이 이어지는 순간이었다.

새싹들아 모여라, 새싹끼리!

올해 우리 텃밭 공동체 '새싹끼리'의 여정은 '함께하는 텃밭'에서 시작되었다.

"반별이 아니라 세 반 모두 섞여서 작물별로 심으면 어떤가요? 아이들이 다 같이 키우는 텃밭이라는 것을 더 잘 느낄 수 있을 것 같아요."

"작물별로 반을 나눠 작물의 효능과 심는 방법을 알려주고 나중에 반에서 아이들끼리 서로 배운 점을 공유하면 좋을 것 같아요."

전문적 학습 공동체 협의를 통해 처음 해보는 방법이지만 도전하기로 하였다. 세 반에서 투표한 결과, 올해의 작물은 애플수박, 구문초, 방울토마토, 바질, 당근, 땅콩으로 정해졌다. 아이들은 자신이 원하는 작물을 골라 그 반으로 가서 작물에 대해 알아보고 텃밭으로 나가 모종을 심었다. 자신이 좋아하는 모종을 선택해서 그런지 더욱 적극적으로 참여하였다.

텃밭 활동을 마무리 하며 "다른 반 친구랑 함께해서 더 좋았어요.", "얼른 키워서 같이 먹고 싶어요."와 같은 말이 나왔다. 아이들이 다른 반 친구와 친해지는 첫걸음이었다. 앞으로 함께 가꿀 텃밭 활동이 많이 기대되었다.

모든 꼬마 농부가 다 함께 물을 주고 잡초를 뽑으며 열심히 키운 만큼 채소들이 쑥쑥 자랐다. 함께한 덕분에 그 많던 잡초도 금방 뽑을 수 있었다. 토마토는 어느새 아이들 키만큼 크고, 애플수박 덩굴은 텃밭 두둑을 다 덮을 만큼 길어졌다. 아이들은 언제 우리가 키운 채소를 먹을 수 있는지를 기대하였다.

다양한 텃밭 채소 요리를 맛볼 수 있도록 반별로 다른 요리를 만들고 나누어 먹는 '새싹끼리' 활동을 하였다. 토마토 바질 피자, 바질페스토 카나페, 당근 팬케이크, 수박 주스 등을 준비했고 드레스 코드는 텃밭 작물 색깔로 정해졌다. 아이들은 자신이 표현한 채소 복장을 소개하고, 수박 머리핀도 직접 만들어 보며 즐거운 시간을 보냈다.

요리 활동 후 강당에 모여 음식 소개와 퀴즈를 하며 축제처럼 나눔의 기쁨을 느꼈다. 아이들은 점심을 먹은 후였지만 "우리가 키워서 더 맛있어요!"라고 말하며 맛있게 먹었다. 옆에 친구가 바질페스토를 맛있게 먹으니 도전하여 먹어본 아이도 있었다. 아이들의 얼굴에는 웃음이 가득하였다.

"선생님, 사진 찍은 거 엄마에게 꼭 보내주세요. 내가 키웠다고 엄마한테 꼭 말할 거예요."

너도나도 우리가 열심히 키운 텃밭 채소를 자랑하고 싶어 하였다. 혹시 가정과 연계할 수 있는 방법이 있지 않을까? 좀 더 아이들에게 의미 있는 활동은 무엇일까? 우리들의 고민이 시작되었다.

어서 오세요, 당근마켓입니다!

"이번에 수확하는 당근으로 '당근마켓'을 열려고 하는데 어떤가요? 우리가 키운 당근을 판매하는 거예요."

"좋은 생각이에요! 다 함께 협동해서 가게를 만들 수 있겠어요."

"돈 대신 따뜻한 말 한마디를 받으면 좋을 것 같아요."

새싹끼리 다모임을 하여 의견을 나눈 결과, 유치원 텃밭에서 당근을 키우는 세 반끼리 함께 '당근마켓'을 열기로 하였다. 아이들의 반응이 무척이나 좋았다. 가게 장소는 1층 현관 앞. 모든 아이가 가게 주인을 하기엔 가게가 좁아 무인 가게를 하기로 하였다. 우리 반은 이용 방법 안내판, 옆 반은 따뜻한 말 한마디를 적는 '마음을 표현해요' 메모판, 다른 반은 간판, 또 다른 반은 당근의 효능 안내판을 만들기로 하였다. 모든 학급은 재활용품을 사용하여 멋진 간판과 안내판을 만들었다. 아이들은 평소에 모아두었던 재활용품 공간에서 종이상자, 구겨진 색종이, 아이스크림 뚜껑을 찾아와서 꾸몄다. 구겨진 색종이 모아둔 걸 거의 다 쓴 상태라서 다른 반에 가서 구겨진 색종이를 모아오기도 하였다.

각 반에서 완성된 작품을 한곳에 모으니 어느새 정겨운 당근 가게가 완성되었다. 이제는 당근을 뽑을 시간! 우리가 키운 당근을 학부모와 친구들이 가져간다는 기대에 들뜬 표정으로 열심히 수확하였다. 제법 먹음직스럽게 자란 당근을 보며 뿌듯함을 느꼈다.

가게를 완성한 후 아이들은 "우리 당근을 먹고 건강해졌으면 좋겠어요.", "다른 친구들한테 나눠줘서 행복해요."라고 말하며 나눔의 기쁨을 느꼈다. 전날 가정 소통 앱을 통해 홍보 영상을 올려서 그런지 당근마켓에 사람들이 북적거렸다. 아이들이 직접 만든 간판, 이용 방법, 효능, '마음을 표현해요' 판을 유심히 보시며 당근을 구매하셨다.

다음 날, '꼬마 농부들 무더위에 당근 키우느라 고생 많았어요', '맛있는 볶음밥 해 먹을게요~ 감사합니다.', '당근 잘 키워서 함께 나눠 먹는 기쁨을 아는 친구들 최고!' 같은 따뜻한 말들이 '마음을 표현해요' 판에 가득하였다. 그리고 가정 소통 앱에도 많은 사진이 올라왔다. '친구들아 예쁘게 잘 키운 당근 나눔해줘서 고마워! 잘 먹을게!' 하고 한 손에 당근을 든 채 방긋 웃는 아이 사진도 있고 당근 요리 사진과 함께 "정말 맛있게 잘 먹었습니다!"라는 따뜻한 메시지가 있었다.

사진을 보는 꼬마 농부들의 얼굴에도 환한 미소가 번졌다. '형 당근 맛있게 먹어~ 나도 오늘 당근 스틱을 먹을 거야.', '당근 맛있게 먹고 황금 똥 싸~!' 등 기쁜 마음을 담아 아이들이 직접 사진에 댓글을 달았다. 사랑과 정성으로 키운 당근들이 어느덧 탐스럽게 자라 수확의 행복을 느끼고, 모든 유치원 가족에게 나누며 더욱더 큰 마음으로 되돌아왔다.

'새싹끼리' 활동을 통해 아이들은 우리반을 넘어 다른 반 친구들

과 협력하며 공동체 의식을 키우고 함께 가꾼 텃밭에서 나눔과 배려의 가치를 배웠다. 소중한 텃밭 안에서 아이들은 자연의 변화에 감탄하고, 노력의 보람과 친구와 함께하는 즐거움에 웃으며 공동체 안에서 함께 살아가는 힘을 길렀다. 이러한 경험은 아이들 마음에 따뜻한 기억으로 남아 더불어 살아가는 삶의 씨앗이 될 것이다.

고구마 넝쿨 속에서 자라는 아이들

아이들과 유치원 텃밭에 고구마를 심었다. 잔뜩 설레는 얼굴로 흙을 만지며, 고구마순을 하나씩 조심스럽게 심는 아이들의 손끝은 어느 때보다 진지했다. 텃밭의 고랑 사이를 오가며 두둑에 구멍을 뚫고, 그 안에 고구마순을 꽂듯이 세워 넣었다. 며칠 동안 아이들은 텃밭을 오가며 물을 주고, 자라는 모습을 지켜보았다. 그러나 고구마순은 점점 마르기 시작했고, 나도 처음엔 이유를 알지 못했다.

"선생님, 왜 고구마가 말랐어요? 죽은 거예요?"

걱정스러운 눈빛으로 묻는 아이의 말에 나도 마음이 무거워졌

다. '왜'라는 질문은 새로운 배움의 문을 열었다. 아이들과 함께 고구마를 어떻게 심는지 인터넷으로 검색해 보았다. 그리고 그제야 알게 되었다. 고구마는 뿌리에서 자라는 식물이고, 줄기를 땅에 눕혀 심어야 하는 작물이라는 사실을.

우리는 고구마순을 마치 나무처럼 똑바로 세워 심었던 것이다. 잘못 심은 경험은 우리에게 식물의 생태와 생명에 대해 더 깊이 배우게 해주었고, 이제 우리는 고구마를 어떻게 심어야 하는지도, 왜 그렇게 해야 하는지도 이해하게 되었다. 말라버린 고구마순 앞에서 아이들은 포기하지 않았다. 매일 아침, 고구마에게 다가가 정성껏 물을 주고, '잘 자라라'라며 따뜻한 말을 건넸다. 그러기를 한 달쯤

지났을 무렵, 한 아이가 눈을 반짝이며 소리쳤다.

"선생님! 고구마가 살았어요! 잎이 많이 생겼어요!"

정말이었다. 말라 있던 고구마순에서 푸릇푸릇 생기가 도는 새잎이 자라나고 있었다. 아이들의 정성과 기다림이 전해진 듯, 고구마는 다시 살아나 자라기 시작했다. 고구마를 나무처럼 심었던 실수는 오히려 더 깊은 배움의 출발점이 되었고 자연은 언제나 우리에게 배움의 기회를 주는 친구라는 것을 아이들과 함께 알게 되었다. 아이들과 함께한 고구마 심기는 관찰하고, 질문하고, 실수하고, 다시 도전하는 살아 있는 배움의 과정이었다. 고구마는 땅에 조용히 뿌리를 내리며 자라고, 아이들은 그 옆에서 자라나는 생명을 바라보며 질문하고 생각하며 성장하고 있었다.

고구마를 직접 보지 못해도, 아이들은 흙 아래에서 무언가가 자라고 있을 것이라는 믿음으로 기다렸다. 텃밭 앞에서 서성이는 아이들, 고구마순 옆에서 풀을 뽑는 아이들, 흙을 살며시 만지며 "고구마야, 잘 자라고 있니?" 하고 속삭이는 아이들의 모습은 마치 친구를 돌보는 마음 그대로였다. 두 달이 지나자 고구마 줄기는 텃밭을 가득 채우며 무성하게 자라났다.

초록빛으로 뒤덮인 텃밭을 보며 아이들은 햇빛과 물, 흙이 어떤 일을 하는지, 자연의 변화가 생명에게 어떤 영향을 주는지를 생각하기 시작했다. 텃밭은 어느새 살아 있는 자연 교실이 되었고, 고구마는 아이들에게 책임감과 기다림, 생명의 소중함을 알려주는 고마운 선생님이 되었다.

고구마 줄기의 색이 연둣빛에서 점점 자줏빛으로 변해가던 어느 날, 한 아이가 조심스레 말했다.

"선생님, 저 엄마랑 싱싱장터 갔을 때 고구마 줄기 샀어요. 이걸로 반찬도 만들 수 있어요!"

아이의 말에 다른 아이들도 고구마 줄기에 관심을 갖기 시작했다.

"정말요? 이거 먹을 수 있어요?"

아이들에게 고구마 줄기는 이제 식물이 아니라 요리 재료로 다가왔다. 텃밭으로 달려간 아이들은 고구마 줄기를 하나씩 잡고 조심스럽게 뜯기 시작했다.

"이건 내가 집에 가져갈 거예요. 엄마랑 같이 요리할 거예요."

양손 가득 고구마 줄기를 담은 아이들은 정자로 돌아와 하나씩 줄기에서 잎을 떼고, 껍질을 벗기기 시작했다. 처음 해보는 일이라 쉽지 않았지만, 서로 도와가며 껍질을 잡아당기고, 줄기를 쓱쓱 벗겨냈다. 아이들의 손끝에서 고구마 줄기는 서서히 요리 재료로 변해갔다.

식물을 심고 키우고 변화하는 모습을 관찰한 아이들은 이제 그것이 우리 식탁 위에 오르는 자연의 선물이라는 것을 직접 경험하고

있었다. 고구마 줄기를 뜯고 손질하는 과정은 아이들에게 자연과 먹거리가 연결되어 있음을 알려주는 살아 있는 수업이었다.

"선생님, 고구마는 왜 꽃이 안 피어요?"

텃밭을 바라보던 한 아이가 조심스럽게 물었다.

"지난번에 심은 감자꽃은 하얗게 예쁘게 피었잖아요. 고구마도 꽃 피나요?"

아이의 질문은 자연을 관찰하며 생긴 순수한 궁금증이었다. 감자꽃은 이미 아이들의 기억 속에 '피는 꽃'으로 자리 잡았고, 고구마에게도 꽃이 피기를 기대하고 있었던 것이다. 나는 아이들과 함께 이야기를 나누며 설명해 주었다.

"고구마도 사실 꽃이 피긴 해. 그런데 우리나라에서는 꽃이 잘 안 보여."
"왜요? 고구마는 안 피고 싶은가요?"
"고구마는 따뜻한 나라에서 꽃이 잘 피어. 날씨가 아주 덥고, 햇빛이 많아야 꽃이 피는 식물이거든. 우리나라 여름은 고구마에게 조금 부족한가 봐. 그래서 꽃이 피는 건 아주아주 드물어."

아이들은 고개를 끄덕이며 고구마밭을 다시 바라보았다.

"그럼, 꽃은 안 펴도 고구마는 잘 자라는 거죠?"
"맞아. 꽃이 안 펴도, 고구마는 땅속에서 열심히 자라고 있어."

이 짧은 대화는 아이들이 자연의 다양성과 식물의 생태를 이해해 가는 순간이었다. 눈에 보이지 않아도 자라고 있는 것들이 있다는 사실, 꽃이 피지 않아도 소중한 열매를 맺는 생명의 방식을 아이들은 마음으로 느끼고 있었다.

여름이 지나고 가을이 깊어갈 무렵, 아이들과 함께 고구마를 캐는 날이 다가왔다. 아이들은 텃밭 두둑 위에 무성하게 자란 고구마 줄기를 조심스레 걷어냈다. 그리고 땅속에 숨겨져 있을 고구마를 찾기 위해 작은 삽을 들고 조심스럽게 흙을 파기 시작했다. 아이들은 고구마를 만날 수 있다는 기대감에 점점 더 열심히 삽을 움직였다. 드디어 자줏빛 고구마가 쏙 얼굴을 내밀자 "와, 고구마다!"라며 기뻐했다. 아이들이 조심스레 흙을 헤치자 땅속 깊이 숨겨져 있던

고구마가 살짝 모습을 드러냈다. 아이들은 더 이상 삽을 쓰지 않았다. 고구마에 상처가 생길까 봐 두 손으로 조심조심 흙을 파내기 시작했다.

손끝에 전해지는 흙의 감촉, 고구마의 단단한 몸을 느끼면서 "하나, 둘, 셋! 힘내라, 힘내라!" 하며 서로를 응원하고 함께 고구마를 끌어올렸다. 고구마를 다치게 하지 않기 위한 마음과 손길은 그 자체로 생명을 대하는 존중이었고, 협동의 가치를 느끼는 순간이었다.

고구마를 하루 정도 햇빛에 말린 뒤, 아이들과 함께 가마솥에 쪄 먹기로 했다. 아이들은 화덕을 보며 옛날 사람들이 사용하던 조리 도구에 대해 자연스럽게 관심을 가졌다. 먼저 정성스럽게 고구마를 깨끗이 씻고, 가마솥에 하나씩 조심스럽게 넣었다. 가마솥 아래엔 장작을 넣고 불을 지폈다. 아이들은 화덕 속 타오르는 불꽃과 피어오르는 연기를 보며 신기한 듯 바라보았다. 디지털로 조작하는 인덕션이나 전자레인지와는 달리, 화덕은 직접 불을 다루고, 기다리고, 온도를 가늠해야 하는 아날로그 조리 기구이다.

"고구마가 아직 안 익었어요."

아이들은 익숙한 '빨리빨리' 대신, 천천히 익어가는 고구마를 기다리며 옛날 사람들의 시간을 조금씩 이해해갔다. 가마솥에서 김이 모락모락 피어오르고, 달콤한 고구마 냄새가 퍼지자 "우와, 진짜 맛

있는 냄새 나요!"라면서 갓 쪄낸 고구마를 반으로 갈라 보았다. 김이 피어오르는 장면은 아이들에게 오래 기억될 따뜻한 아날로그의 순간이었다.

빠르게 변화하는 디지털 시대 속에서 아이들은 화덕 앞에서 느림과 정성, 그리고 옛사람들의 삶의 지혜를 경험했다. 고구마 한 알은 단지 먹거리가 아닌, 세대와 세대를 잇는 배움의 매개체였다. 화덕에서 익힌 고구마는 그 어떤 전자기기로 만든 음식보다 더 깊은 이야기와 온기를 담고 있었다.

자연을 그리다,
자연을 말하다

○○이는 만화 캐릭터에 관심이 많아, 종이뿐만 아니라 몸에도 그림을 그리는 아이였다. 우연이 필연이 되는 어느 날 '○○아, 네가 좋아하는 곤충이나 식물을 자세히 그려보는 건 어떨까?'라고 제안했고, 그 때부터 시작된 ○○이의 세밀화 그림은 점점 더 정교해졌다. 세밀화는 자연에 대한 관찰을 통해 대상을 정확하게 그림으로 표현하며 자연의 아름다운 무늬나 형태를 표현하는 것이다.

아이들도 세밀화에 조금씩 관심을 갖기 시작하면서 텃밭의 식물을 관찰하던 중 ○○이의 친구인 ○○이가 "선생님 저 이것을 그려보고 싶어요." 하면서 종이와 연필을 가져오니 다른 친구들도 우르르 종이와 연필을 가져오고 텃밭의 식물을 관찰하며 그리기 시작하였다. 수박을 하루에 반 통이나 먹을 정도로 수박을 좋아하다 못해 사랑하는 ○○는 '내가 좋아하는 수박'으로 제목을 지으며 자세히 그리게 되었다.

"선생님, 수박 줄이 지렁이 같아요."
"수박마다 줄무늬가 달라요."

"선생님, 수박을 잘랐는데 씨가 색깔이 달라요."
"선생님, 저도 귀여운 수박을 그리고 싶어요."

아이들은 자신만의 수박에 달콤한 수박, 행복한 수박, 내가 좋아하는 수박, 박수치는 수박 등 자신만의 의미를 넣어서 표현했다. 수박의 줄무늬와 잎사귀 모양을 자세히 관찰하며 도식화되지 않은 그림을 그리기 시작하였다. 그림을 그리는 동안 식물을 만져보고 냄새를 맡으며 교감하는 가운데 식물의 다양한 무늬와 형태에 대해 알아보는 시간을 갖는다.

궁금한 점을 식물 도감에서 직접 찾아보면서 알게 된 내용을 친구들과 공유하였다. 이렇듯 텃밭에서 만난 작물들은 수업의 좋은 매개체가 되었다.

아이들이 사물을 어떻게 바라보는가에 따라 삶의 태도와 가치관이 형성된다. 텃밭을 갈고 아이들이 직접 선정한 작물을 심어보고 물을 주는 과정에서 아이들은 식물에 대한 사랑을 배운다. 사랑을 하면 보고 싶고 볼 수 없을 때는 그리워하게 된다. 그리워하는 것은 마음에 담아두고 표현하고 싶어 한다. 이렇게 세밀화에 대한 사랑이 무르익을 무렵 우리는 또 다른 만남을 시작하게 되었다.

세밀화와 시의 설레는 만남

텃밭의 작물로 세밀화를 그리기 시작하면서 아이들은 텃밭에서 수확한 수박을 먹어보고 여름 과일에 관심이 생기게 되었다. 아이들이 좋아하는 다양한 과일의 모양을 관찰하고 직접 먹어보는 시간을 가졌다. 《수박을 보는 여덟 가지 방법》이란 책을 보고 과일 동화를 읽어보면서 과일의 모양이 무엇을 닮았는지 이야기해 보기 시작했다.

'복숭아는 어떻게 생겼니?', '원숭이 엉덩이 닮았어요. 원숭이 엉덩이는 빨개!' 하면서 아이들은 한참을 웃었다.

'수박은 어떤 모양이니?'
'커다란 축구공 같아요.'
'수박의 속을 보니 어떤 생각이 드니?'
'수박 속은 빨간 용암돌다리 닮았어요.'

이렇게 아이들과 대화하면서 '여름 과일'이란 시가 생겨났다.

여름 과일

- 안녕보석반

빨간 복숭아는 원숭이 엉덩이 닮았어요

빨간 자두는 선생님이 친구들을 사랑하는 마음을 닮았어요

초록색 수박 안에는 빨간 용암돌다리 닮았어요

수박 속에는 개미굴이 있어요

수박 속은 올챙이가 헤엄치는 모습과 닮았어요

수박 속은 공룡의 혓바닥 같아요

수박 줄무늬는 꿈틀꿈틀 지렁이 같아요

노란 참외 속의 씨들은 벌집 모양 같아요 벌이 나와서 윙윙

블루베리는 아기 토끼의 똥 같아요.

아이들은 과일을 자세히 관찰하면서 다양한 생각을 떠올리고 몰입하여 생태적 감수성을 표현했다. 아이들의 마음이 지금처럼 예쁘고 사랑스럽게 계속 자라길 응원하게 된다. 시화와 연결된 수업을 통해 아이들은 교실에서 친구와 대화할 때 긍정적이고 아름다운 언어를 사용하게 되었다.

이런 배움이 지속적으로 아이들에게 영향을 미치면 내가 사는

사회가 조금은 따뜻한 희망의 빛줄기를 주지 않을까? 사랑의 눈으로 자연을 바라보고 친구를 대하는 앞으로의 날들이 기대된다. 오늘도 속삭이는 바람 소리와 곤충과 식물을 관찰하고 사랑하는 너희들이 있어 더 좋은 날인 것 같다.

함께 자라는 텃밭 (통합학급 이야기)

텃밭은 아이들을 닮았다. 서로 다른 씨앗이 각자의 속도로 싹을 틔우듯, 아이들 역시 저마다의 속도로 자라난다. 나는 그 곁에서 흙을 만지고, 바람을 느끼며, 아이들과 함께 기다림을 배운다. 3월 초, 아직은 서로가 어색한 시기. 따뜻한 봄 햇살을 맞으러 아이들과 처음으로 텃밭에 나간다. 손끝에 닿는 흙의 감촉이 낯설었던 한 아이는 처음엔 손을 움츠렸다. 차갑고 까슬한 촉감이 불편했던 것이다. 하지만 텃밭에서 보내는 시간이 많아지고 작은 삽으로 흙을 파고, 두 손으로 흙을 쥐었다 폈다 하며 감각을 익혀갔다. 흙을 손에 가득 담아보고 흙이 손에 빠져나가는 감각을 즐긴다. 처음엔 불편했던 흙이 이제는 하루를 함께 시작하는 친구가 되었다. 감각은 그렇게

낯섦에서 친숙함으로 변해갔다.

    삽을 잡으면 시간 가는 줄 모르던 아이도 있었다. 아이는 구멍을 파는 동작을 반복하며 자신만의 놀이 세계를 만들었다. 단조로워 보이는 반복 속에서도 손의 힘과 리듬, 그리고 집중이 자라났다. 아이가 판 구멍에 씨앗을 넣어본다. 그 구멍에서는 새싹이 자라났다.

    수박으로 자신의 언어를 시작한 아이도 있다. 교실에서 과일 모형을 만지며 놀고, 과일 그림 카드를 반복해서 바라보던 아이는 어느 날 텃밭에서 커다랗게 자라난 초록빛 수박을 발견하고는 나를 보며 손가락을 뻗었다. 어느덧 큰 덩어리로 자라난 수박을 가리키며 이것의 이름을 물었다. 그날 이후 아이는 매일 텃밭으로 나와 수박의 변화를 관찰했다. 초록 껍질이 점점 더 짙어지고, 줄무늬가 선명해지는 것을 보며 손끝으로 조심스레 쓰다듬었다.

"수박." 크지 않은 목소리였지만, 아이는 조용히 입술을 움직였다. 한 친구는 커다란 수박을 그려 아이에게 건넸고, 또 다른 친구는 아이의 이름 옆에 수박, 참외, 사과, 포도 등을 그려주었다. "이건 네가 좋아하는 과일이야." 하며 건네는 손에는 친구의 애정이 묻어 있었다. 교실 안은 점점 과일 향기로 물들었다. 아이 옆에는 친구들이 선물한 그림이 하나둘 놓였다.

텃밭의 시간은 아이들마다 다르게 흐른다.

어떤 아이는 풀잎 위에 맺힌 물방울을 유심히 들여다보며 조용히 웃고, 또 다른 아이는 친구의 모종에 흙을 덮어주며 자연스레 협동을 배운다. 어느 날은 벌레를 무서워하던 아이가 용기를 내어 손끝으로 흙 속에 지렁이를 만져보기도 한다. 여름이 되자 텃밭에는 초록이 가득했다. 토마토가 붉게 익어가자 아이들은 매일 아침 텃밭으로 달려갔다. 살짝 손을 댔던 아이가 익은 토마토를 하나 따 입에 넣었다. 새콤달콤한 맛이 입안에 퍼지자 아이들은 서로의 얼굴을 바라보며 웃음을 터뜨렸다. 함께 돌보고 가꾼 열매를 나누는 순간, 아이들은 자연스럽게 '함께 자라는 기쁨'을 배웠다.

비가 오는 날이면 텃밭의 풍경은 또 다른 세상이 된다. 작은 웅덩이가 여기저기 생기고, 물을 좋아하는 아이는 흰 바지를 입은 채 망설임 없이 그 속으로 들어간다. "첨벙!" 물이 튀고 흙이 묻어도 개의치 않는다. 아이의 발 밑에서 퍼져나가는 물결은 마치 웃음처럼 번져 간다. 함께 바라보던 다른 아이들도 조심스레 다가와 손끝으로 웅덩이를 만져보고, 이내 모두가 비와 흙이 만들어낸 자연의 무대 속에서 어울린다. 텃밭은 가장 자유롭고 생동감 있는 놀이터가 되었다.

텃밭에서의 배움은 언제나 관계로 완성된다. 처음엔 혼자 흙을 만지던 아이가 친구와 함께 물조리개를 잡고, 함께 일군 텃밭에 큰 돌멩이를 발견하면 조심스레 치워주는 모습이 자연스러워졌다. 아이들은 서로의 변화를 지켜보며 "와! 잘 자란다!"고 외친다. 그 말에는 서로를 응원하는 따뜻한 마음이 담겨 있다.

나는 아이들과 텃밭의 모습을 바라보며 깨닫는다. 성장은 결코 혼자서는 이룰 수 없다는 것을. 하나의 씨앗이 햇빛과 물, 흙과 손길을 함께 받아 자라듯 아이들의 성장도 교사와 친구, 그리고 자연의 손길이 함께할 때 비로소 싹튼다. 아이들은 텃밭에서 흙의 감촉을 배우고, 기다림을 배우며, '함께'라는 단어의 진짜 의미를 몸으로 익혀간다.

텃밭으로 한걸음

4장

공원(제천)으로 갑니다

아이들이
자연과 함께
쉬고 놀고
어우러지도록 해주는
삶의 쉼터이다.

물살 따라 흐른
아이들의 웃음

    세종특별자치시는 도심 곳곳을 따라 천과 녹지가 자연스럽게 어우러진 공간이다. 금강으로 이어지는 여러 개의 물줄기는 유치원 주변에서도 쉽게 만날 수 있어, 아이들에게는 더없이 좋은 배움터가 된다. 매일의 산책길에서 만난 제천은 어느 날부터 아이들에게 수생태놀이의 시작이 되었다.

    솔직히 말하면 처음에는 두려움이 앞섰다. 아이들을 물가로 데려간다는 것, 혹시 모를 안전사고를 떠올리면 선뜻 발걸음이 떨어지지 않았다. 그러나 생태교육에 대한 믿음과 추진력을 가진 동료가 먼저 용기를 냈다. 커다란 가슴 장화를 '전투복'처럼 착용하고 제천으로 나섰다. 긴장과 설렘이 뒤섞인 첫 발걸음이었지만 놀이는 생

각보다 훨씬 자연스러웠다. 물을 따라 흐르는 작은 생물들, 반짝이는 수면 위 햇살, 발밑을 스치는 시원한 물살에 아이들은 금세 물속 세계에 빠져들었고, 돌아오는 길에는 얼굴 가득 환한 웃음을 띠며 제천에서 만난 생물 이야기를 쏟아냈다. 그 목소리 자체가 아이들의 놀이 기록이었다.

　아이들의 눈높이에서 본 제천은 끝없는 놀이터였다. 빛가람수변공원이나 세종호수공원으로 가기 위해 돌다리를 건널 때면 눈빛부터 달라졌다. 졸졸졸 흐르는 물소리는 귀와 마음에 닿아 "물이 우리를 초대하는 소리 같아요. 물소리가 아름다워 마음이 편안해져요.

녹음해서 명상할 때 들어요."라는 말이 저절로 흘러나왔다. 자연스럽게 형은 동생에게 손을 내밀고 동생은 그 손을 꼭 잡고 돌다리를 건넌다. 한 걸음 한 걸음 함께 나누는 작은 모험, 돌다리 위에서 꽃잎이나 나뭇잎을 띄우며 시작하는 '자연물 배 경주'는 아이들의 마음을 설레게 했다.

돌다리의 윗부분에 꽃잎을 놓자 자연물 배는 물 위를 빙그르르 돌며 천천히 떠내려갔고, 아이는 속도가 마음에 들지 않는지 "옮겨야겠다!"라며 다시 자연물 배를 건져 돌다리의 아랫부분의 유속이 빠른 구간으로 가져가 배를 띄웠다. 급류를 타고 이리저리 춤추듯 흘러가는 배들은 금계국, 버드나무 잎, 칡잎, 모감주나무 열매까지 다양했다. 아이들은 저마다 자기 배를 향해 "바다로 잘 가라. 바닷가

에 놀러 가서 만나자."라고 인사를 건네며 물살에서 시선을 떼지 못했다. 아이들의 자연스러운 놀이 속에서 물의 흐름과 속도, 자연의 이치를 이해하는 감각은 자연스럽게 스며든다.

물 속 풍경도 아이들의 호기심을 자극하기에 충분했다. "물고기가 엄청 많아요. 작은 것도 있고, 큰 것도 있어요. 이쪽보다 저쪽 물고기 떼가 더 많아요." 아이들의 발소리에 맞춰 이동하는 물고기를 바라보며 나누는 대화에는 크고 작음을 비교하는 어휘가 물 흐르듯 묻어났다. 그러나 물고기 떼는 늘 아이들이 있는 반대편으로만 움직였다. 돌다리 옆 짙은 초록빛 물이끼를 만져보니 미끌미끌한 감촉이 손끝에 전해졌고, 돌 사이에 숨어 있는 다슬기를 발견했을 땐 환호성이 터졌다.

"달팽이 같아요. 나 이거 먹어봤어요."라며 다슬기를 보고 유추하거나 경험을 나누는 아이들의 목소리는 제천을 작은 교실로 바꿔 놓았다. 손을 담가 물살의 차가움과 유속을 느끼며 크고 작은 다슬기를 찾는 일은 그 자체로 흥미로운 놀이다.

아이들은 놀이를 더 깊게 즐기기 위해 직접 도구도 만들었다. 페트병을 잘라 채집컵을 만들고, 줄을 달아 이동식 방수 가방을 만들었으며, 바닥에 구멍을 뚫어 분수 실험 도구까지 준비했다. 제천에 가는 날, 아이들의 표정은 기대와 설렘으로 빛났다. 돌다리에 앉아

발을 담그자 차가운 물살이 몸을 깨웠고, 발을 디딘 모래 바닥은 금세 깊어졌다. 아이들과 대책을 세웠다.

"나뭇가지를 꽂아 깊은 곳 표시를 해요. 여긴 들어가면 안 돼요. 줄로 묶어서 금지구역으로 만들어요."

대나무 대와 종이테이프로 아이들만의 경계가 세워졌다. 서로의 안전을 지켜가는 과정은 또 하나의 배움이었다. 물살을 가르며 가슴장화에 스며드는 수압의 묵직함, 발바닥에 전해지는 미끌거림과 단단함을 느끼고, 아이들은 자신만의 언어로 경험을 나누었다. 투명한 통으로 물을 퍼 담아 수질을 살펴보고, 다슬기와 작은 조개를 채집하며 "여기 있다!"라는 외침이 곳곳에서 울려 퍼졌다.

물속을 잘 보기 위해 고민하다 수영할 때 쓰던 물안경을 떠올렸고, 우연히 투명한 접시를 통해 물속이 더 잘 보인다는 사실을 발견했다.

"여긴 물속이 엄청 잘 보여요. 우리 앉아서 놀까? 너도 앉아봐. 안전해. 하나도 안 무서워."

수심이 얕은 구간에서 아이들은 철푸덕 엉덩이를 대고 앉아 손바닥으로 수면을 튀기며 물살을 만끽했다. 친구와 발을 맞대어 별, 네모, 동그라미 등 물속에 다양한 모양을 친구와 힘을 합쳐 만들기도 한다.

"엉덩이가 차가워. 선생님, 바지에 물이 들어와요."

허리춤으로 스며든 물에 놀라고, "다리가 무거워."라며 발끝까지 차오른 물에 당황했지만 이내 해결책을 찾아 실험을 이어갔다. 물속에서 눕기가 어렵자 돌다리 위로 올라가 동생을 눕히고 두 다리를 번쩍 들어 올리자 콸콸콸 장화 속 물이 쏟아졌다. 터져 나오는 웃음과 성취감은 물과 함께 흘러갔다.

다슬기 통으로 물고기를 잡으려다 물살의 힘을 배우고, 족대와 손을 맞잡아 송사리를 몰아보는 일은 놀이를 넘어 협력과 지혜를 배우는 시간이 된다. 교실에서 읽었던 동화《풀잎 국수》를 떠올리며 "우리도 자연물 국수를 만들자."며 주변의 자연물과 열매, 돌을 모아 풀잎 국수를 만들어 보는 상상놀이는 제천의 풍경을 한층 다채롭게 했다. 아이들은 각자의 방식으로 물과 만나고 생태를 배우며 함께 어울려 자라났다.

이제 제천은 아이들의 배움터이자 삶의 일부가 되었다. 오리와

왜가리, 다슬기가 살아가는 건강한 생태 속에서 아이들은 생명의 소중함을 배우고, 물살 속 위험을 마주하며 지혜를 얻는다. 돌다리 위에서 꽃잎 배를 띄우던 작은 손길은 언젠가 더 큰 세상으로 나아갈 용기를 준비하는 과정이었다.

"우리 동네 흐르는 천에서 생태놀이를 한다고?!"

처음에는 의심과 두려움이 앞섰지만 이제는 확신을 갖고 대답할 수 있다. 제천이야말로 아이들이 자연과 더불어 살아가는 법을 배우는 최고의 교실이다.

물아
깨끗해져라

　나성유치원 앞에는 빛가람수변공원이 있다. 횡단보도만 건너면 닿을 수 있는 이곳은 물소리와 바람 소리가 함께하는 길이다. 빛가람수변공원을 걷다 보면 자연스레 제천에도 발걸음이 닿는다. 산책길에 종종 제천을 가로지르는 작은 돌다리를 건너곤 하는데, 고작 바위 몇 개를 뛰어넘는 일이지만 아이들은 산책 때마다 "선생님, 오늘도 돌다리 건너가요!" 하며 나를 부른다.

　처음에는 건너는 행위 자체에 재미를 느꼈던 것 같다. 그러나 신나서 건너던 발걸음을 잠시 멈추어 물이 흐르는 소리를 듣고 물을 따라 부는 바람을 느끼고 돌 틈 사이를 헤엄치는 송사리와 마주하면서 아이들은 멈춰서 만날 수 있는 재미를 또 하나 발견하게 되었다.

"우리 물에 들어가면 안 돼요?"

"물에 진짜 물고기가 살아요?"

산책을 나갈 때마다 아이들의 질문은 조금씩 달라졌지만 그 안에는 물속 세상에 들어가 보고 싶다는 공통된 마음이 있었다. 그 마음을 시작으로 우리는 가슴 장화 탐험을 나서게 되었다. 제천에 도착하고 찰랑이는 물속에 몸을 담그니 뜨거운 햇살 아래를 걸어왔던 기억은 어디론가 날아가 있었다. 가슴 장화를 신었기 때문에 시원한 물의 감촉을 못 느낄 것이 분명한데도 우리는 온몸으로 물이 주는 시원함을 만끽했다. 발밑에서는 돌멩이가 사각사각 굴러가고, 돌 틈 사이로 작은 물고기들이 재빨리 몸을 숨겼다.

"우와, 물고기다!"

"저기 다슬기 있어요!"

현미경이나 관찰통 없이도 무릎을 꿇고 고개를 물속 가까이 가져가면 작은 생명들이 눈앞에서 살아 움직였다. 제천에서 돌아오는 길, 아이들과 이야기를 나눴다.

"물고기랑 다슬기처럼 물속에서 사는 생물들이 잘 살기 위해서는 어떻게 해야 할까?"
"쓰레기를 버리면 안 돼요."
"물이 깨끗해야 해요."

아이들의 대답 속에는 제천을 지키고 싶은 마음이 담겨 있었다. 그 대화 끝에 우리는 EM 흙공을 만들기로 했다. EM 흙공은 황토흙에 미생물이 들어 있는 발효액을 섞어 동그랗게 빚은 공이다. 이 공을 강이나 하천에 넣으면 유익한 미생물이 오염 물질을 분해해 물을 깨끗하게 만들어준다. 큰 대야에 황토흙을 붓고 EM 원액을 부었다. 순간, 발효액 특유의 시큼한 냄새가 공기 중에 퍼졌다.

"냄새가 이상해요~!"
"빵 반죽 같기도 하고, 흙 같기도 해요."

평소에도 흙산에서 황토흙으로 놀이하는 것을 좋아하는 아이들이었지만 발효액 냄새 앞에서는 잠시 주저했다. 머뭇거리는 아이들 사이로 용기 있는 몇몇 아이들이 먼저 대야에 손을 담갔다. 손으로 꾹꾹 눌러 섞고 둥글게 빚어내자 갈색 흙공이 하나씩 완성되었다.

처음에는 조심스럽게 만들던 아이들의 손놀림이 점점 빨라졌다. 자신이 만든 흙공을 들고 주먹밥이라고 말하기도 하고, 누가 더 크게 만드는지를 비교하고 자랑하기도 했다.

며칠 동안 서늘한 곳에 둔 흙공 표면에 곰팡이가 피기 시작했다. 흙공에 착한 곰팡이가 피면 하얗게 변한다는 것을 알게 된 아이들은 하얀 곰팡이가 잘 피고 있는지, 검은색이나 빨간색 곰팡이가 피지는 않았는지 조마조마해하기도 했다. 흙공에 핀 작은 곰팡이 꽃을 통해서도 아이들은 보이지 않는 미생물의 존재를 느낄 수 있었다.

흙공을 만들면서 강은 바다로 이어져 있어서 강이 깨끗해지면 바다도 깨끗해진다는 이야기를 나누었는데, 하얀 곰팡이가 핀 흙공

을 들고 다시 제천으로 향하던 길에 아이들의 입에서 "제천이 깨끗해지면 바다도 깨끗해지는 거예요."라는 말이 나왔다.

제천에 도착한 후, 우리는 먼저 신나게 놀았다. 페트병 물총으로 물을 쏘고, 조개를 찾고, 미끄러운 돌 위에서 미끄럼틀을 타면서 한참을 웃었다. 그 뒤, 즐거운 공간을 제공해 준 제천에게 고마운 마음을 담아 흙공을 던졌다.

"강아, 깨끗해져라!"

작은 손에서 힘차게 던져진 흙공이 첨벙, 하고 물속으로 가라앉았다. 아이들이 던진 것은 흙공 한 알이었지만 자연을 아끼는 마음이 함께 물속 깊이 스며들었다.

제천에서 돌아온 후에도 아이들은 물이 깨끗해지는 방법에 대해 궁금해했다. 흙공이 없을 때는 물이 어떻게 깨끗해지는 건지, 한번 더러워진 물은 다시 깨끗해질 수 없는 것인지 여러 궁금증이 꼬리에 꼬리를 물었다. 아이들의 호기심에 답하기 위해 간이 정수기 실험을 준비했다. 크기는 작았지만, 아이들이 물이 깨끗해지는 원리를 직접 눈으로 확인하기에는 충분했다.

투명한 통 안에 굵은 자갈, 고운 모래, 숯, 거름 천을 차례로 넣어

간이 정수기의 층을 만들었다. 점점 작아지는 내용물들이 물속의 더러운 불순물들을 꽉 잡아준다는 것을 듣고 아이들은 진짜로 이 작은 정수기가 깨끗한 물을 만들어주는지를 실험해 보고 싶어 했다. 그래서 아이들과 다시 제천으로 향했다. 우리는 먼저 흙탕물을 만들었다. 발을 구르고 흙바닥을 꾹꾹 밟으니 물은 금세 탁한 빛으로 변했다. 그 흙탕물을 조심스레 간이 정수기에 부었다. 아이들은 눈을 크게 뜨고 물방울을 따라갔다. 물은 자갈, 모래, 숯을 거치며 천천히 내려오더니 맨 아래에서는 점점 맑아진 물이 떨어졌다.

아이들의 관심은 가늘고 길게 이어졌다. 물장구를 치다가도, 다슬기를 잡다가도 다시 간이 정수기가 있는 곳으로 돌아와서 얼마나 맑아졌는지, 깨끗한 물이 얼마나 모였는지를 확인하곤 했다.

"우와, 진짜 깨끗해졌어요!"

그리고 그 원리가 정수장에서도 사용된다는 사실을 이야기하자 아이들은 우리가 마시는 물이 이렇게 여러 과정을 거쳐 깨끗해진다는 것을 알게 되었다. 물 한 방울에도 많은 시간과 노력, 과정이 필요하다는 것을 눈으로 확인하고 물의 소중함을 조금 더 깊이 이해하게 되는 시간이었다.

이 모든 활동은 단순한 물놀이에서 시작됐다. 하지만 놀이는 배움으로 이어졌고, 배움은 다시 놀이로 돌아왔다. 처음엔 강 속 생물을 관찰하다가 물의 깨끗함에 대해 이야기했고, 그 이야기는 EM 흙공 만들기와 간이 정수기 실험으로 이어졌다. 다시 강으로 돌아와 물총놀이를 하면서 아이들은 강을 놀이터이자 배움터로 삼았다.

이제 아이들이 보는 강은 단순히 물이 흐르는 풍경이 아니었다. 생명을 품고 바다로 이어지는 살아 있는 길이었다. 그리고 그 길을 깨끗하게 만드는 작은 행동이 모이면 더 큰 변화를 만들 수 있다는 것도 알게 되었다. 작은 흙공 하나, 간이 정수기 하나가 아이들의 마음속에 물을 사랑하고 아끼는 마음으로 자리 잡아 언젠가는 더 넓은 세상을 깨끗하게 만드는 시작이 될 것이다.

낮과 밤에 만나는
소중한 자연 친구들

나성유치원에 처음 발을 들였을 때, 앞마당 너머로 아이뜰어린이공원이 펼쳐져 있었고, 아직 어린 나무들이 조용히 나를 맞아 주었다. 한 아이가 말라 있는 수국꽃 한 송이를 나에게 주었고 종이조각처럼 부서졌던 수국꽃을 보며 다시 예쁘게 꽃이 피는 날을 기다리게 되었다.

학급 첫 만남의 날, 나는 말했다. "학부모님들, 우리 유치원 앞에는 아이뜰어린이공원, 빛가람수변공원이 있고, 좀 더 가면 세종호수공원, 세종중앙공원이 있어요. 이렇게 도심 속에서 아이들이 자연을 쉽게 접할 수 있고, 사계절을 오감으로 느낄 수 있다는 것이 커다란 장점입니다."

　3월에 앙상한 가지를 바라보며 뛰어다니던 아이들. 4월이 되자 바람에 날려서 아이들의 콧등과 뺨에 떨어지는 매화나무 꽃잎들의 모습은 하나의 명화 같았다. 싹이 돋아나고 꽃들이 하나둘 자신의 얼굴이 제일 예쁘다며 활짝 피던 날, "선생님, 여기 노란 민들레꽃이 피었어요.", "노란색 민들레꽃이 밤하늘에 떠 있는 별이랑 닮았어요."라며 아이들은 민들레꽃이 많이 핀 곳을 민들레 정원이라고 이름을 지어주었다.

　철쭉이 필 때쯤에는 "선생님, 이 꽃은 진달래예요?", "진달래처럼

생겼지. 잘 관찰해 보겠니? 식물도감을 찾아보겠니?"라며 아이들에게 바로 답을 알려주지 않고 스스로 알아보게 하는 방식으로 접근했다. 아이뜰어린이공원에서 살구꽃과 매화꽃이 열매로 변화되는 것을 관찰하면서 "선생님, 이게 매실이에요? 이게 살구예요?"라는 질문으로 시작하여 살구와 매실을 관찰하며 비교하기 시작했다.

"냄새를 맡아보면 살구인지 매실인지 알 수 있어요. 냄새가 달콤한 건 살구, 향기가 나는 건 매실이에요."
"색깔을 보면 매실인지 살구인지 알 수 있어요. 살구는 주황색이고 매실은 초록색이에요."

아이들의 이야기를 듣고 함께 책을 찾아보며 살구와 매실을 비교하는 시간을 가졌다. 손으로 만져보고 맛을 보고 냄새를 맡아보면서 살아 있는 지식으로 배우는 산교육이 되는 것이다.

우리 아이들은 특히 살아 있는 곤충에 관심이 많다.

"○○야, 뭐 만들고 있니?"
"개미가 덥지 않도록 개미들의 쉼터를 만들어주는 거예요."

아이뜰어린이공원에 사는 개미들이 힘들지 않도록, 아이들은 개미를 위한 작은 놀이터와 쉼터를 만들어 준다. 이전에는 아이들이 개미와 이렇게 가까이에서 함께 시간을 보내는 모습을 본적이 없었다. 아이들은 작은 생명을 소중히 여기고 사랑하는 법을 배워가는 것 같다. 재잘재잘 발걸음을 맞추어 파란 하늘을 바라보며 산책하던 날 송충이를 만났다. 처음에 아이들이 송충이를 발견했을 때 털이 징그럽다고 했는데 한 아이가 "이거 귀여운데." 하면서 자세히 들여다보았다.

송충이에 대한 아이들의 사랑이 시작되었다. 아이들은 송충이에게 송송이와 충충이라는 이름도 지어주었다. " 자신과 다르면 이상하게만 여기는 세상 속에서, 작은 특별함조차도 아름답게 볼 수 있는 너희들의 착한 눈망울을 알게 된 것은 나에게 행복이다." 라고 말하고 싶다.

아이들은 이렇게 송충이와 친구가 되어 빛가람수변공원을 갈 때마다 "송송아, 잘 있었어? 보고 싶었어." 인사를 건넸다. 이렇듯 일상에서 만나는 작은 생물조차 소중하게 대하는 아이들을 보며 나 또한 포용하는 삶으로 초대받는 것 같았다.

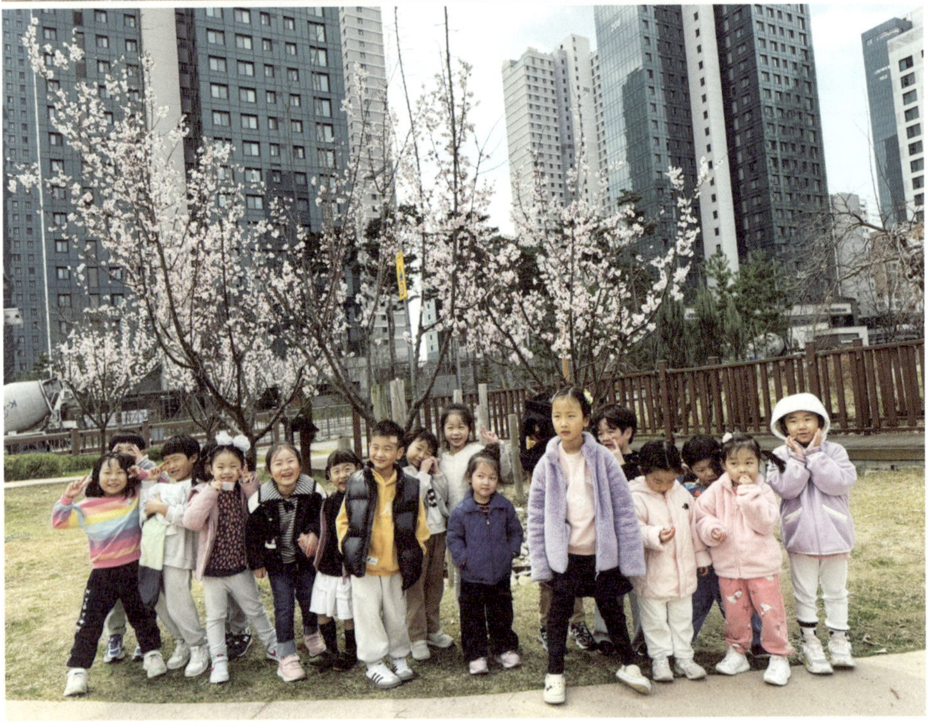

우리가 새롭게 만난 밤 산책

언제부턴가 저녁이면 식사를 하며 자연스레 미디어를 보는 것이 일상이 되었다. 가족끼리의 소통이 부족하다 보니 아이들의 이야기를 들어주고 마음을 알아주는 시간이 필요하다는 생각을 하게 된다. 이런 고민을 하던 중, 우리는 밤 산책을 기획하게 되었고, 이는 가정과의 소통을 여는 중요한 계기가 되었다. 바쁘고 소란한 세상 한가운데서 아이들과 조용한 길을 함께 걸으며 시작된 대화는 유치원과의 공감으로 이어지고, 더 나아가 자연과 소통하는 시간으로 확장되었다. 밤 산책은 자연이 우리에게 준 귀한 선물 같은 시간이었다.

밤 산책을 하며 우리는 낮과는 전혀 다른 모습을 직접 보고 경험했다. 낮에는 듣지 못했던 곤충 소리가 또렷하게 들려오고, 노을이 지는 풍경 속에서 학부모들의 여유로운 마음도 함께 담겼다. 거미다리에서는 낮에 잘 보이지 않던 거미줄이 손전등 불빛을 받으면서 반짝반짝 빛났다.

"와, 예쁜 진주목걸이 같아요."라고 아이들이 말하자, 학부모들도 감탄하며 거미줄을 신기하게 바라보았다. 한 학부모는 "선생님, 아이들 챙기고 밥 먹이고 재우다 보면 하루가 금방 지나가서 아이와 이야기할 시간도 없었는데, 이렇게 산책하며 대화하니 아이들이 자연을 어떻게 느끼는지도 알게 되어 좋아요."라고 이야기했다.

밤 산책으로 느낀 것을 다섯 글자로 표현해 보니 다양한 감상이 쏟아졌다.

"매일 나와요, 같이 나와요, 여름의 추억, 선물 같아요, 지금 이 순간."

특히 한 아이는 "달처럼 빛나는 하루"라는 표현을 해 모두를 놀라게 했다. 아이들은 오감으로 만나는 자연을 아름다운 언어로 스스럼없이 표현했다.

한 아이가 생각난다. 밤 산책 중 꿈틀꿈틀 애벌레를 표현하며 기어오던 ○○이! 학부모와 선생님들은 웃으며 응원해 주었다. 다음 날 아침, 그 친구는 "선생님, 밤 산책 또 가고 싶어요. 너무 행복했어요."라고 말했다.

아이들에게는 즐거움을, 학부모들에게는 아이들과 함께하는 자연의 소중함을 알려준 밤 산책. 이 시간을 통해 우리 아이들이 미디어에 지나치게 노출되지 않고, 학부모와 함께 공감하고 소통하는 기회를 더 많이 갖게 되기를 기대한다.

공원(제천)으로 한걸음

5장

숲으로 갑니다

숲에서 아이들은
단단히 뿌리내리고
어깨를 맞대며
서로의 그늘이
되어준다

숲과 함께 자라는 아이들

"숲, 숲, 숲 대문을 열어라
 숲, 숲, 숲 대문을 열어라
우리가 인사하면 문이 열린다."

오늘도 아이들은 숲에 들어가기 전, 노래를 부르며 인사를 했다.

"숲아, 우리가 왔어! 우리와 함께 놀자!"

초록빛 숲 문이 열리고, 아이들은 비탈진 숲길을 오르기 시작했다. 땅 위로 솟아난 나무뿌리를 조심조심 지나고, 두더지가 파 놓은 작은 구멍들을 살펴보며 걸어갔다. 조금 더 오르다 보면, 지난 태풍에 쓰러져 누운 고목나무가 모습을 드러낸다. 아이들은 그 곁을 지나며 인사를 했다.

"안녕, 나무야. 다시 만나서 반가워!"

숲 놀이터에 도착하면 아이들은 어제 놀았던 흔적을 찾는다. 떨어진 나뭇가지를 모아 집을 만들고, 톱으로 잘라놓은 나뭇가지도 찾는다. 숲은 아이들에게 자연스러움과 모험심을 찾아준다. 어느새

자란 칡넝쿨을 발견한 아이들은 칡넝쿨을 잡아 열심히 줄다리기를 했다. 가늘고 긴 칡넝쿨은 좀처럼 땅속에서 빠지지 않았다. 아이들이 하나둘 모이기 시작하더니, 어느새 칡넝쿨과의 줄다리기가 시작되었다. "영차! 영차!"

힘겨루기가 한창이던 그때, '툭!' 가느다란 칡넝쿨이 땅속에서 쑥 빠져나왔다. "와아!" 하며 아이들은 환호성을 질렀다. 줄다리기의 승자가 된 듯, 모두가 함께 이긴 기쁨에 두 팔을 번쩍 들었다. 칡넝쿨로 동그라미, 세모, 네모 등 다양한 모양을 만들기도 하고 나무에 감아보기도 하였다. 그러다 한 아이가 나무와 나무를 칡넝쿨로 연결하였다. 칡넝쿨로 연결된 나무 사이를 통과하며 툭툭 쳐보기도 하고 매달려 보기도 했다. 그런데 넝쿨이 '툭!' 힘없이 떨어졌다. 다시 나무와 나무를 연결했다. 그리고 한 번 더 넝쿨을 꼭 잡고 매달려 보는 순간 또다시 툭.

곰곰이 생각하던 아이는 친구들을 불렀다. "같이 해보자!" 아이 둘이 넝쿨을 양쪽에서 붙잡고, 다른 친구들에게 말했다. "넘어서 가보자!" 아이들은 넝쿨을 조심조심 넘었다. 마치 림보 게임처럼, 몸을 숙이고 천천히. "1단계 통과!" 넝쿨을 잡고 있던 아이가 외쳤다. "2단계는 조금 더 높이 할 거야!" '시작!' 소리와 함께 아이들은 이번에도 넝쿨을 넘어가려고 애썼다. 몸을 구부리고, 고개를 숙이고, 때론 깔

깔 웃으며 놀이 속으로 깊숙이 빠져들었다.

칡넝쿨은 흔한 식물이 아니라, 아이들의 손에서 새로운 놀이가 되었다. 끊어지고, 또 묶이고, 다시 연결되며 이어진 칡넝쿨 줄. 그 줄 위에서 아이들은 함께 고민하고, 서로의 생각에 귀 기울이며 놀이를 만들어 갔다. 림보 게임은 누가 알려주지 않아도 아이들 스스로의 상상력에서 시작되었다. 어떻게 하면 끊어지지 않게 만들 수 있을까? 줄을 넘으려면 어떤 자세를 취해야 할까? 그 과정 속에서 문제 해결력, 창의성, 신체 조절 능력, 그리고 협동심이 자연스럽게 자라났다. 누군가는 줄을 잡고, 누군가는 줄을 넘으며, 모두가 놀이

의 주인공이 되었다. 숲은 늘 그렇듯, 놀이를 가르치지 않는다. 다만, 아이들이 배우도록 기다려 줄 뿐이다.

림보 놀이가 끝나자 칡넝쿨은 또 다른 놀이로 변신했다. 아이들은 칡넝쿨을 땅 위에 동그랗게 말았다. 이제는 나뭇가지 투호 놀이가 시작된다. 주변에서 나뭇가지를 하나씩 주워 온 아이들은 출발선을 바닥에 그리고, 그 선 위에 나란히 섰다. "하나, 둘, 셋!" 손에 쥔 나뭇가지를 동그랗게 만든 칡넝쿨 속으로 던져 넣었다. 들어가기도 하고, 튕겨 나오기도 했지만 아이들은 웃으며 다시 도전했다.

"이번엔 더 멀리서 해보자!"

놀이의 규칙도, 난이도도 아이들 스스로 정해간다. 나뭇가지를 던진 후, 아이들은 칡넝쿨로 만든 동그라미 안에 몇 개가 들어갔는지 꺼내어 세어 보았다. "하나, 둘, 셋~!" 아이들의 손가락이 하나씩 접힐 때마다 숫자에 대한 감각도 함께 자라났다. 누가 더 많이 동그라미 안에 넣었는지 서로 확인해 보며 놀이의 즐거움은 더 깊어졌다. 기다렸다가 차례를 지키고, 성공과 실패를 함께 나누며 아이들은 자연스럽게 사회적 규칙과 배려를 배워간다. 숲에서의 투호 놀이는 숫자를 배우는 시간이 되고, 몸을 조절하고 거리를 감지하는 감각도 길러준다. 무엇보다도, 놀이를 함께 만들고 즐기며 아이들은 친구와 어울리는 힘을 배워간다. 숫자를 세며 투호 놀이가 끝나갈 무렵, 한 아이가 칡넝쿨을 길게 펴 들고 말했다.

"이거, 기차처럼 탈 수 있지 않을까?"

아이들의 눈이 반짝였다. 길게 늘어진 칡넝쿨을 줄처럼 이어서 앞사람의 허리에 묶고, 줄줄이 연결하기 시작했다.

"기차 출발합니다! 삐-익!"

앞사람이 "칙칙폭폭" 소리를 내며 걷기 시작하자 뒤에 서 있던 아이들도 줄을 꼭 붙잡고 몸을 맞춰 따라가기 시작했다. 빠르게 달리기도 하고, 멈춰 서서 "정거장입니다!"를 외치기도 했다. 칡넝쿨을 붙잡고 줄줄이 선 아이들이 나무와 나무 사이를 조심조심 지나갔다.

"칙칙폭폭 기차 갑니다!"
"왼쪽으로 오른쪽으로 비켜 주세요!"

앞사람이 방향을 외치면, 뒤따르는 친구들도 발을 맞춰 움직였다. 잎이 무성한 나무 사이를 지나고 넘어진 고목 옆을 지날 땐 속도를 살짝 늦추기도 했다.

"여기는 달빛역이야!"
"우리 반은 즐거운 달빛반이잖아, 달빛역으로 하자."
"진짜? 그럼 다음은 소나무역으로 하자!"
"그다음은 도토리역!"
"저기엔 밤나무역이 있어야지!"

아이들은 지나가는 나무마다 각자 떠오른 이름을 붙이기 시작했다. 자신이 알고 있는 나무, 눈에 보이는 식물, 숲에서 있었던 일을 떠올리며 기차역 이름이 하나둘 생겨났다.

"다음 정거장 소나무역입니다 내리실 분!"

아이들은 기차놀이를 하며 새로운 숲 지도를 만들고 있었다. 나무와 나무는 간이역이 되고, 칡넝쿨은 기차가 되고, 아이들의 상상은 끝이 없었다. 숲은 아이들에게 놀이 공간을 넘어, 무한한 배움과 성장이 이루어지는 살아 있는 교실이 되었다. 아이들은 숲에서 스스로 놀이를 만들고, 자연의 재료들과 자유롭게 어우러지며 창의력과 상상력을 키워 간다. 칡넝쿨 하나로 시작된 줄다리기와 림보 게임, 투호 놀이를 거쳐 기차놀이까지, 아이들은 자연 속에서 몸과 마음을 조절하며 협동과 문제 해결, 사회적 관계 맺기를 배운다.

숲은 아이들에게 기다림과 관찰, 그리고 자연과의 교감을 가르쳐 준다. 아이들이 직접 만지고 느끼고 탐험하는 과정에서 생명에 대한 존중과 소중함을 깨닫게 한다. 이처럼 숲은 아이들의 전인적 성장에 깊이 기여하며, 아이들과 숲은 서로에게 배우고 영향을 주는 서로 닮은 친구와도 같다. 숲과 함께 자라는 아이들은 더 건강하고 창의적이며, 따뜻한 마음을 가진 어른으로 자란다.

오늘도 숲은 조용히 문을 열어, 아이들을 반갑게 맞이한다. 그리고 아이들은 숲속에서 또 하나의 특별한 이야기를 만들어 간다.

숲 속 교실, 작은 생명들을 만나다

아이들이 가장 좋아하는 놀이는 살아 있는 것과의 만남이 아닐까? 숲 바닥을 조심스레 살피며 발견한 지렁이, 집게벌레, 콩벌레… 아이들의 눈빛은 살아 움직이는 작은 생명 하나하나에 반짝인다. 그중에서도 오늘 숲 놀이의 하이라이트는 단연 청개구리였다.

"빨리 와봐! 여기 개구리 있어!"

처음에는 장난인 줄 알았지만, 정말이었다. 아이가 손가락으로 가리킨 곳에는 기둥의 구멍 안, 조용히 앉아 있는 작은 초록빛 개구리 한 마리가 있었다.

"쉿, 개구리가 놀라면 안 돼."

순간 아이들 모두가 숨을 죽였다. 앞서 본 친구는 뒤에 서 있는 친구들에게 조용히 손짓하며 말을 아낀 채 개구리를 보여줬다. 호기심과 경이로움이 가득한 표정으로, 한쪽 눈을 감고 나무 구멍 속을 들여다봤다.

"정말 초록색이야."
"그런데 숲에는 물이 없는데 어떻게 여기에 있는 거지?"
"아마 제천에서 여기까지 왔을걸?"

짧지만 진지한 아이들의 대화가 이어졌다. 개구리를 놀라게 하지 않으려는 배려가 그 안에 스며 있다. 관찰을 마친 아이들은 하나둘씩 나뭇잎을 주워 모으기 시작했다.

"개구리가 여기 숨어 있다는 걸 들키면 안 되니까, 우리가 잘 숨겨줘야 해요."

그렇게 말하며 기둥 구멍 위를 조심스레 나뭇잎으로 덮으면서 노래하듯 말했다.

"꼭꼭 숨어라, 들키면 안 돼~!"

아이들은 반복해서 그 말을 흥얼거리며 개구리의 은신처를 보호해 줬다. 그 모습 속엔 단순한 놀이를 넘어 생명을 대하는 따뜻한 마음이 담겨 있다. 숲은 그렇게, 말로 설명하기 어려운 감정들을 아이들의 몸과 마음에 조용히 새겨 넣는다.

숲은 마치 계절마다 새로운 친구를 선물하듯, 늘 다른 곤충들과 생명들을 아이들에게 소개해 준다. 숲에 발을 들이자마자 가장 먼저 곤충을 찾는 아이들이 있다. 숲이 익숙해질수록 그들의 관찰력은 점점 깊어진다. 낙엽 밑, 나무껍질 사이, 기둥의 틈새까지 구석구석 탐색하며 작은 생명을 찾아낸다. "여기 있다!" 관찰통을 꺼내 조심스레 담고, 돋보기를 꺼내 한쪽 눈을 감고 들여다보며 이야기꽃을 피웠다.

"나도 좀 보여줘!"
"와, 다리에 털이 있어요!"
"이건 엉덩이에 줄무늬가 있어요. 이름이 뭔지 알아요?"

관찰력, 호기심, 탐구심이 스스로 자라나는 순간이었다. 또 다른 한쪽에서는 아이들이 나뭇가지를 들고 흙을 파기 시작했다.

"여기가 잘 파져요! 여기로 와 보세요!"

아이들이 흙을 파는 이유는 단 하나, 곤충들이 숨을 수 있는 작은 공간, 다시 말해 '집'을 만들어주기 위해서다.

"곤충은 사람을 무서워해요. 그래서 숨을 집을 만들어주어야 해요."

그 말에 귀 기울이던 다섯 살 아이가 나뭇잎 한 장을 들고 왔다.

"이건 집게벌레 침대야."

그러자 곁에 있던 아이가 말했다.

"그럼 나도 같이 만들자."

아이들은 숲을 이리저리 돌아다니며 다양한 크기, 색깔, 모양의 나뭇잎을 모아왔다. 고사리 같은 손에 한가득 담긴 잎들을 하나하나 바닥에 펼쳐 놓았다.

"이건 아기 곤충방이에요."
"그럼 침대가 있어야지. 이거로 하자."

둥글게 말린 나뭇잎이 침대가 되고, 넓은 잎은 이불, 식탁, 의자가 되었다. 아이들의 상상력과 손끝에서 점점 나뭇잎 집이 커졌다.

"자, 여긴 문이야."

길쭉한 돌 두 개가 작은 문이 되고, 울타리가 된다.

"선생님, 사진 찍어주세요!"
"다음에도 집이 잘 지켜줬으면 좋겠어."

자신들이 만든 작은 곤충 집에 대한 애정이 말 속에 배어 있다. 흙을 파고 잎을 모은 것이 아니라, 아이들은 지금 생명에게 안전한 공간을 만들어주는 건축가이자 보호자가 되어 있었다. 나무 기둥 앞에서 돋보기를 들여다보던 또 다른 아이. 숨죽인 채 작은 애벌레를 발견했다.

"선생님, 이 애벌레 이름 알아요?"
"우리 사진 찍어서 알아봐요."

아이의 손가락이 애벌레의 움직임을 따라 조심스레 구부렸다 폈다 한다.

"이렇게 움직여요." (손가락을 위 아래로 움직이며)
"아마 배추흰나비 애벌레 같아요."

"아니야, 배추흰나비 애벌레는 초록색이었는데 이건 갈색이야."

"아, 그러면 갈색 나비인가?"

"제발 나비 애벌레였으면 좋겠다…."

지난봄, 배추흰나비 애벌레가 나비가 되는 과정을 함께 지켜본 아이들. 그 경험이 아이들의 마음속에 깊게 남아 이번 애벌레 또한 나비였으면 하고 바라고 있었다. 숲에서 돌아온 후, 함께 찍은 사진을 보며 검색해 본 결과, 그 애벌레는 '명나방'의 애벌레라는 사실을 알게 되었다. 조금은 실망한 표정이었지만, 그 표정 속에서도 아이들은 '알게 됨'의 기쁨을 품고 있었다. 생명의 다양함을 배우는 또 하나의 순간이었다.

여름의 무더위가 지나고, 선선한 바람이 부는 가을 숲은 한층 더 깊어진 색으로 아이들을 맞이한다. 가을 숲에서 아이들이 가장 먼저 발견한 것은 바로 '도토리. "하나, 둘, 셋." 손에 잡히는 도토리는 점점 늘어나고, 아이들은 도토리로 어떻게 놀지를 궁리하기 시작한다. 먼저, 도토리에서 분리된 깍정이는 어느새 아이들의 손가락에 하나씩 끼워져 '모자'로 변신했다.

"이것 좀 봐요. 손가락 모자예요!"

도토리 깍정이를 손가락 끝에 끼우고는 "안녕하세요~!" 인사를 하며, 손가락 인형 놀이가 시작되었다. "모자가 너무 커서 자꾸 떨어지잖아~!" 하며 웃음꽃이 피어났다. 조금 떨어진 곳에서는 도토리 깍정이로 작은 울타리를 만들고, 도토리 열매를 하나둘 모았다.

"도토리를 왜 이렇게 많이 모았어?"
"이따가 다람쥐가 오면 많이 먹으라고 모아두는 거예요."
"그럼 다람쥐 도시락이네? 다람쥐가 정말 좋아하겠다."

내 말에 아이가 싱긋 웃었다. 이렇듯 아이들의 손끝에서 펼쳐지

는 놀이는 자연과 교감을 나눈다. 도토리 하나에도 이야기를 담고, 다람쥐를 생각하며 도시락을 준비하는 모습에서 자연을 소중히 여기고 함께 살아가는 삶의 태도를 배우게 된다. 아이들은 숲에서 그냥 노는 것이 아니다. 뛰고, 만지고, 관찰하며 세상을 배우고, 손을 맞잡고, 도와주며 사람을 배우고, 작은 생명을 살펴보며 생명을 배운다.

"이 봄을 건디는 새로운 싹이구나."
"이 여름 햇살 속에서 마음껏 꿈꾸는구나."
"이 가을 열매를 나누며 관계가 자라는구나."
"이 겨울 침묵 속에서 다음을 기다리는 법을 알게 되는구나."

숲은 단지 아이들만의 무대가 아니다. 어른도 함께 서서 배우고, 느끼며, 우리 자신도 성장하게 하는 살아 있는 교실이다. 흙과 나무의 냄새가 짙게 퍼지는 어느 날, 아이들이 숲에서 펼칠 다음 놀이가 궁금해진다. 그 순간, 숲은 이미 아이들을 기다리는 커다란 품이 되어 그 안에서 아이들은 오늘도 조용히 자라나고 있다.

손을 잡고 걷는 롤러코스터길

숲은 아이들에게 크고 복잡한 세계였다. 길을 막는 나무뿌리와 미끄러운 낙엽을 조심하며 아이들은 힘을 합쳐 물건을 옮기고 높은 곳에 오르며 서로 손을 내밀었다. 처음에는 각자 놀이에 몰두했지만 점차 서로 눈을 마주치고 손을 잡으며 생각을 나누고 하나의 놀이를 만들어갔다. 다툼 속에서 기다림과 양보를 배우고, '함께'가 되기 위해 애쓰는 아이들의 흔적이 숲 곳곳에 남아 있다.

우리 숲에는 아이들이 직접 이름을 붙인 특별한 길이 있다. 이름하여 '롤러코스터길'. 짧지만 급하게 솟은 오르막을 넘으면 곧장 내리막이 이어지는 그 길은, 마치 놀이공원의 롤러코스터처럼 아이들의 심장을 두근두근하게 했다. 일곱 살 형님들에게는 그저 신나는 놀이의 코스였지만 숲에 처음 발을 들인 다섯 살 친구들에겐 그 경사가 작지 않은 도전이었다.

"무서워…!"

처음 그 길 앞에 선 아이는 발끝으로 바닥을 툭툭 치며 좀처럼 움직이지 못했다. 주변에서 우르르 달려 내려가는 형님들을 바라보며 조심스레 한 발 내딛지만, 몸은 자꾸 뒷걸음질 쳤다. 그때, 바로 옆에 서 있던 형님이 자연스럽게 물었다.

"무서워?" 동생은 고개를 끄덕였다. "그럼 내가 손잡아 줄게." 말보다 먼저, 작은 손이 조심스레 내밀어졌다. 두 아이의 손이 마주 잡히는 그 순간, 그저 무서웠던 길은 이제 함께 건너는 '우리의 길'이 되었다.

"너도 계속하면 할 수 있어."

부드러운 격려가 뒤따랐고, 그렇게 두 아이는 발을 맞춰 천천히 길을 걸어 내려갔다. 며칠 후, 그 아이는 또래와 함께 롤러코스터길에 섰다. 여전히 약간은 긴장된 표정이었지만, 이번엔 손을 내밀지 않았다. 그러고는 또박또박 걸음을 내디뎠다.

"선생님! ○○이가 혼자서 롤러코스터길 내려왔어요! 손도 안 잡았어요!"

함께 지켜보던 아이가 큰 소리로 외쳤다. 내려온 아이는 땀이 송골송골 맺힌 이마를 훔치며 환하게 웃었다.

"조금 무서웠는데, 도착하니까 괜찮았어요. 나도 이제 롤러코스터길 잘 갈 수 있어요!"

그 장면은 단순히 길 하나를 건넌 모습이 아니었다. 서로를 배려하고, 기다려주고, 격려하는 공동체 안에서 아이들이 스스로 용기를 만들어가는 순간이었다. 협동과 협력은 어느 누구도 가르친 적이 없지만, 아이들 사이에서 자연스럽게 피어나고 있었다. 우리는 그날의 이야기를 교실에서 다시 나누었다.

"이제 갈 수 있는 거야?"
"와, 잘했어!"
"처음엔 무서웠는데 지금은 별거 아니지?"

아이들은 작은 용기를 함께 축하하며 웃음꽃을 피웠다. 그 후부터 아이들은 롤러코스터길을 걸을 때면 혼자보다는 '함께' 걷는 즐거움을 더 중요하게 생각하게 되었다. 컨디션이 조금 좋지 않아 보이는 친구에게는 자연스럽게 "내가 손잡아 줄까?"라고 먼저 손을 내밀었다. 또, 여름에 전학 온 아이가 처음 그 길에 섰을 땐, 낯선 풍경에 주춤하는 모습을 보고 한 아이가 물었다.

"너 여기 갈 수 있겠어? 도와줄까?"

그 말에 새로 전학온 아이는 살짝 미소를 지으며 고개를 끄덕였다. 그 순간, 손과 손이 마주 잡혔고 낯섦은 한순간에 따뜻한 환대가 되었다. 숲에서 배움은 여기서 끝나지 않았다. 한 아이가 긴 나무를 들어 올리려 하자 아이들은 모여 힘과 방향을 맞추며 협력했고, 나무로 만든 공간에서 부엌과 동굴을 만들며 상상력을 펼쳤다. 작은 나뭇가지를 모아 요리를 만들고, 생일 파티를 열며 서로를 초대해 노래를 부르고 즐거움을 나눴다. 파티가 끝나면 솔잎으로 빗자루를 만들어 함께 청소를 했다.

함께 걷고, 기다려주고, 손을 내미는 마음이 살아 숨 쉬는 길. 롤러코스터 길은 아이들에게 '혼자보다 함께 걷는 길이 더 즐겁다'라는

사실을 몸으로 배우게 해주는 소중한 공간이었다. 또 아이들이 서로 손을 잡고, 기다려주며 함께 걸어온 배움의 길이다. 손을 잡는 그 짧은 순간마다 아이들은 용기를 배우고, 신뢰를 키우며 함께 걷는 기쁨을 알아간다. 그 길 위에는 아이들의 웃음과 숨결, 그리고 '우리'로 자라난 따뜻한 마음이 오래도록 남아 있다. 그래서 오늘도 우리는 그 길을 손잡고 함께 걷는다.

숲으로 한걸음

6장

교실로 갑니다

아이들의
질문이 시작되고
가능성이 자라는
곳이다.

되살림에서 피어난 상상

교실 한켠에는 늘 다양한 재활용품이 모여 있다. 아이들이 집에서 가져온 플라스틱 통, 우유갑, 뚜껑, 상자들이 차곡차곡 쌓인다. 나 역시 집과 유치원에서 나온 깨끗한 재료들을 모아 교실로 가져온다. 처음엔 단순한 수집이었지만, 어느새 이 재료들은 아이들에게 놀이의 재료이자 이야기가 시작되는 씨앗이 되었다.

어느 날, 1층에서 인터폰이 울렸다.

"○○ 어머니가 보낸 박스가 많은데, 아이 혼자선 못 들고 올라갈 것 같아요."

몇몇 아이들과 함께 1층으로 내려가 보니, 큰 상자부터 작은 상자까지 다양한 크기의 박스가 있었다. 아이들과 힘을 모아 상자를 교실로 옮기자, 아이들의 눈빛이 반짝였다.

"우와! 이건 썰매로 만들 수 있겠어요!"
"집 만들어서 창문도 달면 좋아요!"

그 말이 끝나기가 무섭게 아이들은 자연스럽게 모둠을 이루어 만들기를 시작했다. 첫 번째 모둠은 '요정의 집' 만들기였다. 작고 아담하다는 이유로 붙여진 이름이었다. 아이들은 "한 명씩 들어가기", "안에 사람이 있을 땐 조심하기" 같은 규칙을 정했고 규칙판을 문에 달았다. 서로를 배려하고 약속을 지키는 공간으로 놀이가 확장되었다. 작은 집은 아이들의 약속에서 더욱 소중한 공간이 되었다.

두 번째 모둠에서는 '좋아반 나무'가 자라기 시작했다. "이거 나무처럼 생겼어!"라는 한마디에서 시작된 나무는 가지가 생기고, 꽃이 피어나며, 거미줄이 얽히며 점점 생명을 얻었다. 때론 가지가 잘 떨어져 나의 도움이 필요하기도 했지만, 아이들은 포기하지 않았다.

"여긴 새가 살아요."

"여긴 다람쥐 방이에요."

아이들의 상상 속에서 생태계가 만들어지고, 그 안에 생명이 깃들었다. 세 번째 모둠에서는 '구슬 굴리기 게임'이 탄생했다. 가장 큰 상자를 바라보던 아이가 "게임기 만들고 싶어요!"라고 말했다. 아이들은 종이컵을 반으로 잘라 구슬이 굴러갈 통로를 만들었다. "여긴 터널이에요!" 구슬의 움직임을 따라 길을 바꾸고, 예측하며 즐기는 동안 아이들은 자연스럽게 배움이 일어났다.

네 번째 모둠은 '구슬 미로 찾기 게임'을 만들었다.

"작은 상자로 미로를 만들고 싶어요."

아이의 제안에 따라 종이 자르기를 도왔고, 아이는 목공풀로 하나하나 붙이며 정성을 다했다.

"이건 아주 힘들게 만들었어요. 정말 소중히 다뤄야 해요."

그 말에 친구들도 고개를 끄덕이며 조심스레 만졌다. 이 놀이는 혼자서도, 친구와 함께 기울이며 구슬을 굴리는 협동 놀이로 확장되었다.

"기울이면 여기로 가!"
"잠깐 멈춰!"

아이들의 손끝에는 협력의 리듬이 자라났다. 다섯 번째 모둠은 '인형의 집'으로 변했다. 종이로 그린 소품과 2층 구조, 그리고 아이들이 좋아하는 캐릭터가 살아 숨 쉬는 공간. 요구르트병은 냉장고로, 종이컵은 의자로 변신했다.

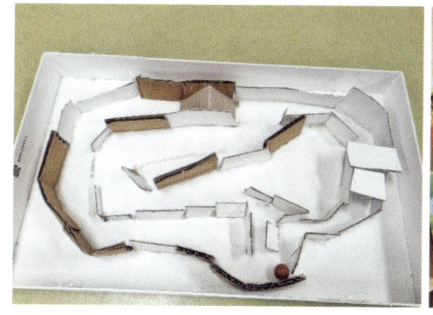 

"이건 요구르트 공장에서 다시 만든 거예요. 새것이에요!"

아이들의 상상력은 버려진 플라스틱에 새 생명을 불어넣었고, 이야기는 그 속에서 자라났다.

그렇게 완성된 놀잇감들은 교구장 한쪽에 가지런히 놓였다. 아이들은 놀이 시간마다 서로의 규칙을 존중하며 그것들을 함께 사용했다. 되살림 놀이는 아이들이 물건을 바라보는 시선을 바꾸고 '다시 태어남'을 경험하게 했다. 더불어 살아가는 방식을 놀이 속에서 자연스럽게 익혀 갔다.

되살림은 단순한 재활용이 아니다. 아이들에게 그것은 '다시 살아나는 놀잇감'이자, '함께 만드는 이야기', 그리고 '함께 살아가는 감각'이다. 작은 손끝에서 다시 태어난 장난감들은 창의력과 협력의 상징으로 남았다. 그 과정은 아이들의 생각과 감각 속에 깊이 스며들었다. 이 놀이는 손을 움직이는 시간을 넘어, 마음을 나누고 함께 살아가는 태도를 배우는 장이었다. 누구는 자르고, 누구는 붙이고, 또 누구는 아이디어를 냈다.

"이렇게 하면 어때?"
"그건 내가 도와줄게!"
"같이 만들자!"

아이들의 목소리가 교실 가득 울려 퍼졌다. 나는 그저 자리를 마련해 주었을 뿐이다. 재료를 꺼내 놓고 기다려주며, 질문에 귀 기울였을 뿐인데 아이들은 스스로 놀고, 서로에게 배우며 자신의 세계를 펼쳐 나갔다. 되살림 놀이는 물건의 생명을 되살리는 동시에, 서로를 돌아보는 감각도 함께 키워 주었다. 오늘도 교실 한쪽에는 또 다른 상자가 놓인다. 그 안에는 아직 피어나지 않은 이야기와 상상이 숨어 있다. 아이들의 손끝에서, 그리고 마음속에서 또 하나의 생명이 천천히 자라난다. 되살림에서 피어난 상상은 오늘도 살아 움직인다.

우유갑 자율 교환과 자원 순환

"선생님 ○○는 청개구리예요."

"응? 왜?"

"제가 우유를 마시라고 하면 안 마시고, 마시지 말라고 하면 마셔요."

매일 아침 아이들은 하트 모양으로 정렬해 둔 책상에 앉아 오전 간식으로 우유를 마시며 도란도란 이야기를 나눈다. 그 모습이 참 정겹고 귀엽다. 요즘은 며칠째 우유를 마시며 서로에게 반대로 행동하는 청개구리 같다며 이야기하는 것이 화두다.

귀염둥이 청개구리 아이들은 매일 우유를 마신 뒤 다 마신 우유갑을 헹구고, 건조대에 말리고, 다음 날 잘 말린 우유갑은 가위로 펼쳐 오려 바구니에 차곡차곡 모은다. 이 작은 습관이 바로 자원 순환의 출발점이다.

다른 유치원에서 근무할 때 나성유치원 아이들이 행정복지센터에 우유갑을 모아 제출하고 휴지로 교환하는 모습을 기사로 본 적이 있었다. 당시 나는 생태교육에 깊은 관심을 두지 않았었지만 그 기사는 내 마음속에 오래 남아 있었다. 그리고 나성유치원에 근무하게 되었을 때 교실에서 꼭 아이들과 함께 우유갑 자율 교환 프로젝트를 실천해야겠다고 결심했다. 하지만 근무를 시작한 첫 해는 우유의 포장 용기가 플라스틱으로 되어 있어 다 마신 후 되살림 놀잇감으로 재사용하거나 플라스틱으로 분리배출 하는 정도로 활용할 수 있었다.

마침, 올해부터 우유 포장 용기가 종이 재질로 바뀌면서 아이들과 우유갑 자율 교환을 직접 실천해 볼 수 있었다. 그림책 환경교육, 아나바다 활동 등 다양한 환경교육을 하며 아이들과 우유갑 분리, 배출의 의의와 휴지로 재탄생 등의 자원 순환에 대해 알아보고 함께 우유갑 모으기를 시작하게 되었다.

4월 아이들과 유치원 주변 플로깅 활동을 하며 나성동행정복지센터 '종이팩 주민 자율 교환대'에 가 보았다. 매일 모으고 있는 우유갑을 얼마만큼 더 모아야 하고, 어떻게 교환하는지 사전 조사를 하러 갔다. 200mL 우유갑은 100개, 500mL 우유갑은 55개, 1,000mL 우유갑은 35개에 두루마리 휴지 1개로 교환된다는 표지판을 보고 교실로 돌아온 아이들은 깊은 걱정에 빠졌다.

"우리 우유는 100mL인데, 그럼 교환 못 하는 거 아니야?"
"교환할 수 있는지 물어보면 되잖아."
"누구한테?"
"우유갑 교환해 주는 분에게."
"근데 거기에 아무도 없었잖아. 누구한테 물어봐?"

아이들의 표정은 진지해졌다. 그때 나는 아이들에게 지난달 도서관에 방문하면서 보았던 1층 민원실을 떠오르게 했다.

"아 맞다. 선생님이 거기는 어른들이 필요한 서류를 발급받고 동네에 궁금한 점이나 필요한 것을 물어보는 곳이라고 했잖아."
"거기 가 보면 되겠다."

마침 다음 주에 예정된 도서관 견학이 있어 7살 아이들과 함께 민원실에 방문하기로 했다. 도서관 견학일에 7살 아이들은 긴장한 얼굴로 민원실에 들어섰다. 대여섯 남짓의 아이들이 들어오자 처음에는 당황하던 직원도 아이들의 질문을 듣자 담당 직원 자리로 안내해 주었다. 담당 직원은 친절하게 종이팩 주민 자율 교환대까지 함께 가주었고 100mL 우유갑일 때 교환 갯수와 교환하는 방법까지도 알려주었다.

알고 보니 방법은 간단했다. 200mL 우유갑 100개가 휴지 1개로 교환이 된다면, 100mL 우유갑은 200개를 모아야 휴지 1개로 교환할 수 있다는 거였다. 순간 나도 아이들도 허탈함은 있었지만, '교환이 안 될지도 모른다'는 불안은 사라졌다.

교실로 돌아온 아이들은 '우유갑 200개에 휴지 1개'라는 표지판을 써서 교실에 부착하고 다시 열심히 우유갑 모으기를 했다. 2배수라는 수량을 알게 되는 순간이기도 했다. '우유갑을 모아요'라는 손글씨와 그림이 담긴 표지판이 부착된 바구니에 우유갑이 가득 차자 아이들은 '이제 교환하러 가야 하지 않느냐'며 의견을 모았다. 그날 함께 모이는 시간에 아이들은 동그랗게 둘러앉았다. 중앙에 우유갑 뭉치를 펼쳐놓자, 수학 교육의 기회로 만들어야겠다고 생각했다.

"얘들아, 200개를 세어 볼까? 200개는 얼마만큼 일까?"

아이들은 1개씩 세면서 10개가 될 때마다 함께 외쳤다. 10개의 묶음을 5개 모아 50개, 다시 네 묶음을 묶어 200개로 나누었다. 모두 합쳐 483개의 우유갑을 세었다. 83개는 다시 바구니에 남겨두고, 400개를 재활용 상자에 담아 다음 날 교환하기로 했다.

다음 날 18명의 아이가 모은 우유갑을 고루 나눠 들고 우유갑 자율 교환대로 향했다. 교환대 앞에서 아이들은 다시 한번 교환 규칙 표지판을 읽으며 수량을 확인했고 두루마리 휴지 2개로 교환해 왔다. 휴지가 담긴 상자를 들고 현관에 들어서는 아이들의 모습에서 뿌듯함과 즐거움의 감정이 느껴졌다.

다시 우유갑을 모으며 다음 교환일을 기다리고 있던 어느 날 오후, 동료 교사가 우유갑 자율 교환 소식을 물으며 "아이들이 직접 바

꿔온 휴지라서 더 아껴 쓰겠어요."라는 질문에 나는 '아차' 싶었다. 아이들과 교환의 경험을 하고 자원 순환의 의미는 충분히 알아보았지만 정작 교환한 물건을 사용하는 과정에서 물건을 아껴서 생활하는 습관으로 연결하는 데는 소홀했던 것이다. 다음날 바로 아이들과 바꿔온 휴지의 의미를 되새기고 아껴서 사용하기로 했다.

우유갑 정리는 분리배출로 끝날 수도 있었지만 우리는 그것을 정성껏 헹구어 모으고 자원 순환이 된다는 과정을 알고 의미를 되새기며 휴지로 교환했다. 또 교실 속에서 아껴 쓰는 과정을 통해 앞으로도 계속 자원 순환의 길을 함께 걷는 약속을 할 것이다.

마음을 이어준 구슬길

나성유치원에 처음 왔을 때 교실에 놀잇감이 거의 없어서 당황했던 기억이 있다. 그 흔한 천사 점토 하나 없는 유치원이라니. 하지만 곧 이유를 납득할 수 있었다. 일회용품이나 상업적인 플라스틱 장난감을 최소화하고 나무 블록이나 양말목, 나무 조각처럼 생태 친화적인 놀잇감을 지향하기 때문이었다. 어른의 눈에는 놀잇감이 부족해 보였지만, 아이들 눈에는 세상 모든 것이 놀잇감이 되었다. 다양한 크기와 모양의 상자, 휴지심, 병뚜껑 등 버려지는 물건들이 아이들의 손끝에서 새롭게 태어났다.

2024년, 오전 간식으로 먹는 우유가 종이팩에서 플라스틱병으로 바뀌었다. 하루에 쌓이는 플라스틱 양이 생각보다 많았다. 아이들과 함께 플라스틱이 어디로 가는지 알아보며 분리수거 방법을 찾아보던 중, 병뚜껑은 너무 작아서 분리수거를 해도 결국 소각된다는 사실을 알게 되었다. "그럼 우리는 무엇을 할 수 있을까?"라는 질문에 대한 답을 찾는 과정에서 '플라스틱 방앗간'이라는 곳을 알게 되었다. 그곳에서는 버려지는 병뚜껑을 모아 치약 짜개나 키링처럼 새로운 물건으로 다시 만들어낸다고 했다.

아이들과 상의 끝에 우리도 병뚜껑을 모아 플라스틱 방앗간에 보내기로 했다. 그렇게 교실 한쪽에 '병뚜껑 저금통'이 생겼다. 유치원에서 나온 우유 병뚜껑뿐 아니라 가정에서도 모아온 병뚜껑들이 하나둘 쌓여갔다. 플라스틱 방앗간에 보내지기를 기다리고 있던 알록달록한 병뚜껑들은 어느 날 아이들과 만나 놀이와 호기심을 이어주는 매개로서 굴러가기 시작했다.

교실 한쪽에는 파도 그림이 그려진 식탁보로 꾸민 작은 바다 공간이 있었다. 그 안에는 책상을 비스듬히 세워 만든 미끄럼틀이 자리하고 있었는데, 처음에는 아이들이 신나게 미끄럼을 타며 놀았다. 그러나 시간이 지나면서 흥미가 가라앉고 그 공간에 머무는 아이들이 없어질 무렵, 한 아이가 미끄럼틀 꼭대기에서 병뚜껑을 굴리기 시작했다. 나는 이 공간을 어떻게 바라보아야 할지 잠시 고민했다. 본래 의도대로 미끄럼틀로만 사용하도록 지도해야 할지, 아니면 새롭게 나타난 굴리기 놀이를 허용해야 할지의 갈림길에 선 것이다.

그때 평소 또래와 쉽게 어울리지 못하던 아이가 병뚜껑을 굴리며 다른 친구들과 웃음을 나누는 장면이 눈에 들어왔다. 병뚜껑이 굴러가는 작은 움직임이 아이들 사이의 연결을 만들어 냈다. 나는 그 순간을 조금 더 지켜보기로 했다.

굴리기 놀이가 더욱 풍성해질 수 있도록 구슬을 제공하자 놀이는 본격적으로 시작되었다. 처음 구슬길 놀이는 나무 블록을 세워 구슬을 굴리는 것에서 시작되었지만, 곧 아이들의 도전이 이어졌다. 구슬이 중간에 멈추거나 밖으로 튀어나오는 상황이 반복되면서 아이들은 머리를 맞대고 해결책을 찾아나갔다.

"여기를 막아보자"

"더 길게 만들어 볼까?"

구슬길 옆에 벽을 세우고, 더 멀리까지 굴러가게 하기 위해 경사로를 길게 만들기도 했다. 어떤 길은 튼튼하지 않아 쉽게 무너지기도 했지만, 아이들은 그조차도 놀이의 일부로 받아들이며 다시 도전했다. 이처럼 놀이 속 탐구와 실험에서 실패와 재도전을 반복했다. 너무 완만한 경사로여도 구슬이 빠르게 내려가지 않아서 재미가 반감되었고, 그렇다고 직각에 가까운 경사로도 구슬이 '떨어지는' 것에 가까웠을 뿐, 아이들이 원하는 잘 굴러가기 위한 각도는 아니었다. 어느 정도 각도가 되어야 구슬이 '잘 굴러간다'는 사실을 터득하는 과정은 작은 실험실을 보는 듯했다.

시간이 지나면서 구슬길은 교실 전체를 가로지르는 거대한 놀이로 발전했다. 교실 한쪽 벽에서 시작된 구슬길이 책상 사이를 지나고, 블록으로 쌓은 탑을 넘어 교실 한가운데까지 이어졌다. 아이들은 긴 구슬길이 무너지지 않도록 블록을 붙잡아주고, 길이 이어지도록 함께 블록을 나르며 협력했다. 구슬길이 커질수록 혼자서는 완성할 수 없는 놀이가 되었고, 협동은 필수이자 즐거움이 되었다.

놀이의 재료도 점점 다양해졌다. 나무 블록을 넘어 자석 블록, 종이상자, 지관통, 삼단 의자까지 구슬길이 되었다.

"휴지심으로 구슬 터널을 만들자."
"자석 블록으로 더 높이 쌓을 수 있어."

"이 상자를 여기 두면 길이 세 개로 바뀌는 거야."

아이들은 각 재료의 특성을 탐색하며 놀이에 적용했고, 재료가 바뀔 때마다 구슬길 놀이는 점점 더 다채로워졌다. 직선길에 곡선이 생기고, 장애물이 등장했다. 구슬이 손바닥만 한 목적지에 들어가기라도 하면 누구의 구슬인지 상관없이 모두가 "골인!"을 외쳤다.

나는 문득 궁금해졌다. '구슬길 옆에 벽을 만들면 구슬이 다른 곳으로 빠질 일 없이 원하는 목적지까지 '골인'하기 쉬울 텐데.' 그러나 아이들의 생각은 달랐다. 아이들에게 실패는 또 다른 재미였다. 구슬이 빗나가도 개의치 않았고, 오히려 구슬이 벽을 아슬아슬하게 타거나 예상치 못한 방향으로 튀어오르는 순간을 더 즐겼다. 아이들은 우연이 만들어내는 성공에 뛸 듯이 기뻐했다.

아이들의 구슬길은 매번 달라졌다. 같은 재료라도 누가, 어떻게 만들었느냐에 따라 전혀 다른 길이 나왔다. 그래서 구슬을 굴릴 때마다 아이들은 새로운 놀라움을 경험할 수 있었다. 놀이가 깊어질수록 아이들은 자연의 원리를 몸으로 배웠다. 구슬이 굴러가는 단순한 움직임 속에서 균형과 속도, 경사와 중력을 느꼈고, 친구들과의 협력을 통해 관계의 온기를 배웠다. 아이들은 구슬을 굴리며 서로의 생각을 나누고, 다시 이어 붙이며 하나의 길을 완성했다.

교실 안은 언제나 작은 세상이다. 구슬길 놀이는 미끄럼틀에서 굴러간 병뚜껑 하나로 시작했지만, 점점 더 많은 친구들이 함께하며 풍부하게 확장되었다. 다양한 재료와 아이디어가 만나 하나의 놀이 속에서 통합되었다. 나무 블록과 자석 블록, 다양한 되살림 놀잇감 등 다양한 비구조적 놀잇감은 아이들의 손에서 새로운 쓰임을 얻는다. 그리고 그 안에서 상상력과 창의력이 자라난다. 정해진 방법이 없기에 아이들은 더 자유롭게 탐색하고 함께 만들어가는 기쁨을 배운다.

아이들은 놀이 속에서 스스로 길을 찾고, 생각을 실험하며, 친구와 마음을 맞춘다. 작은 움직임 하나에도 호기심이 깃들고, 실패와 성공을 반복하며 배움이 자란다. 규칙과 질서를 이해하고, 서로의

아이디어를 존중하며 소통한다. 손과 발, 눈과 마음을 온전히 쓰며 사고를 넓히고, 친구와 경험을 나누며 깊은 관계를 맺는다.

지구를 지키는 액체 괴물 (슬라임)

"선생님, 슬라임 놀이 하고 싶어요!"

아이들이 먼저 제안을 했다. 반짝이는 슬라임을 기대하며 손을 들던 순간, 우리는 조금 다른 이야기를 시작했다. 지구를 위한 슬라임, 자연을 생각하는 놀이였다. 단순한 촉감놀이가 아니라 우리가 살아가는 지구와 어떻게 조화를 이루며 살아갈지를 함께 고민하는 시간이었다. 아이들은 이미 환경에 대한 작은 인식을 가지고 있었다.

"슬라임이 지구에 안 좋대요."
"물이 더러워진대요."

"슬라임에 플라스틱이 들어가서 썩으려면 오래 걸린대요."

아이들은 우리가 사용하는 물건들이 자연에 어떤 영향을 미치는지 어렴풋이 알고 있었다. 그래서 우리는 함께 질문을 던졌다.

"지구를 아프게 하지 않으면서도 즐겁게 놀 수 있는 방법은 없을까?"

아이들과 머리를 맞대고 친환경 재료를 찾아보기 시작했다. 전분, 밀가루처럼 주변에서 쉽게 구할 수 있는 가루를 떠올렸고 가정에도 안내해 사용하지 않는 재료가 있으면 보내 달라고 부탁했다. 아이들이 마음껏 탐색할 수 있도록 밀가루를 충분히 준비해야 하나 고민하며, 먹을 수 있는 재료로 놀이를 하는데 왠지 모를 죄책감도 느끼던 찰나, 가정에서 유통기한이 임박한 밀가루 한 포대를 보내주었다. 아이들과 마음껏 실험할 수 있다는 사실에 나와 아이들 모두 얼굴이 밝아졌다.

아이들과 함께 물을 넣은 밀가루 반죽과 전분 가루, 로션을 섞은 반죽, 베이비오일을 섞은 반죽 등 다양한 방법으로 실험을 시작했다. 서로 다른 재료로 만든 슬라임을 비교하며 변화와 차이를 관찰하는 아이들의 눈은 반짝였다.

"이건 우리 엄마가 준 밀가루야. 재밌지?"
"우리 집에서 안 쓰는 로션이에요. 반죽에 넣으니까 마시멜로 같아요."

아이들은 버려질 뻔한 재료가 다시 쓰일 수 있다는 경험을 통해 자원에 대한 감수성을 배우고, 집과 유치원이 함께 만든 작은 실천이 놀이를 더욱 풍성하게 만든다는 것을 몸으로 느꼈다.

"느낌이 말랑말랑해요."

"이건 주르륵, 콧물 같아요."
"손에 마구 붙어요!"

아이들은 손끝으로 감촉을 느끼고 재료에 따라 달라지는 변화를 관찰하며 탐구와 실험을 이어갔다. 그러던 중, 아이들의 호기심은 교실을 넘어 공원으로까지 확장되었다. 어느 날, 아이들이 작은 열매와 도토리를 주워왔다.

"우리 슬라임에 도토리를 넣어보면 어때요?"

그 말은 씨앗처럼 교실 전체로 퍼졌다. 아이들은 공원에서 모은 도토리, 나뭇가지, 다양한 색깔의 열매를 슬라임 속에 넣어보기 시작했다. 이제 슬라임은 시중에서 파는 반짝이 장난감이 아닌, 지구와 이어지는 놀이가 되었다.

"이건 열매 토핑이에요."
"나무 샌드위치 만들어야지."

아이들은 자연물이 가진 감촉과 향기, 색깔을 탐색하며 서로의 아이디어를 존중하고 새로운 방법을 실험했다. 굳이 새로 사지 않아도 우리 주변의 자연물만으로 충분히 즐겁고 아름다운 놀이가 가능하다는 사실을 몸으로 배워갔다. 놀이가 끝난 뒤, 아이들은 다시 질문을 던졌다.

"우리가 만든 슬라임은 괜찮은데, 진짜 슬라임은 어떻게 버려요?"

환경을 생각하며 시작한 놀이였기에, 끝맺음 역시 지구를 위한 방향이어야 했다. 우리는 함께 자료를 검색하고, 관련 뉴스를 보며 정보를 확인했다. 가게에서 파는 슬라임은 일반 쓰레기로 분류되며 물에 녹이지 않고 버려야 한다. 하수구에 흘려보내면 배수구 막힘이나 수질 오염의 원인이 되므로 슬라임은 말린 후, 잘게 잘라 종량제 봉투에 담아 버려야 한다. 아이들은 주의 깊게 듣고 스스로 생각했다.

"물고기들이 아프지 않기 위해서는 놀이하고 잘 버려야겠어요."
"슬라임 안 사야겠어요."
"근데 누가 줄 수도 있잖아요."
"그러면 잘 놀고 말려서 버리면 되지."

아이들이 스스로 발생할 수 있는 상황까지 고민하며 실천 방안을 생각하는 모습은 놀라웠다. 놀이에서 그치지 않고 과정 속에서 생태적 배움을 얻는 순간, 마치 작은 씨앗이 아이들 마음속에 싹트는 듯한 느낌이 들었다. 우리가 만든 슬라임은 밀가루와 전분 같은 자연 재료라 걱정할 필요는 없었지만, 아이들은 '만든 뒤 정리까지 스스로 책임지는 경험'을 얻었다. 작은 손끝에서 시작된 슬라임 놀이는 지구와 이어지며, 끝까지 생각하며 마무리하는 과정 속에서 지구와 함께 살아가고자 하는 작은 다짐이 피어났다.

교육과정과 연계되는 방과후 과정

교실 문을 열자, 아이들의 목소리가 한꺼번에 밀려온다.

"선생님! 저 아까 지렁이 봤어요!"
"나도 봤어! 근데 내 지렁이는 더 길었어!"

손짓과 표정으로 저마다의 지렁이를 설명하느라 눈동자가 반짝인다. 작고 느릿하게 기어가는 생명 하나가 오늘 우리 교실을 이렇게 설레게 만들었다. 아이들의 이야기는 점점 서로를 타고 번져갔다.

"내 지렁이는 이렇게 꼬불꼬불했어!"라며 손으로 공중에 곡선을 그리는 아이, "나는 흙 속에 숨어 있는 걸 봤어!"라며 눈을 동그랗게 뜨고 말하는 아이. 그 작은 몸짓과 표정 속에는 호기심과 관찰이 가득했다. 한 마리 지렁이가 아이들의 기억을 깨우고, 상상력을 자극하고, 서로의 경험을 연결하는 다리가 되어주고 있었다. 오늘의 놀이는 이미, 그 지렁이에서 시작된 셈이었다.

지난달에 교육과정 선생님과 텃밭 작물 기르기를 계획하며 텃밭을 일굴 때 아이들이 왜, 어떤 도구로, 어떻게 흙을 일구는지를 알게 되었다. 아이가 텃밭의 흙을 만지며 어떤 경험을 하게 되는지, 모래놀이의 모래와 흙산 놀이의 황토를 통해 경험할 수 없는 다른 점은

무엇인지가 궁금하여 관련 도서들을 찾아 보았다.

　유치원 도서관에 이미 텃밭 일구기와 관련된 책이 여러 권 있어 그중에서 흙과 흙에 사는 생물들 위주로 읽어보며 아이들과 함께 볼 수 있도록 교실에 가져다 두었다. 교육과정 선생님과 나는 항상 아이들의 경험이 연계되면 좋겠다고 이야기를 나누는데, 텃밭 일구기의 경험을 통해 아이들의 관심과 흥미가 애벌레나 개미 쪽으로 이어지게 될 것으로 예상했다. 그러나 우리들의 생각은 보기 좋게 빗나갔다.

　아이들의 관심은 온통 지렁이다. 유아들의 이야기를 들으며 관련된 도서를 찾아 놓았던 것이 생각났다. 얼른 책꽂이에 보니,《지렁이 굴로 들어가 볼래?》라는 책이 보였다. 경험도 확장시켜줄 겸, 아이들의 관심사인 지렁이를 어떻게 놀이로 이어주면 좋을지 생각해 보며 함께 동화를 읽어보았다.

　이야기 속 지렁이들은 흙과 뿌리 사이를 자유롭게 오가며, 작은 몸으로도 흙 속 세상을 부지런히 가꿨다. 좁은 굴 속을 지나며 흙을 부드럽게 하고, 먹고 남긴 흙은 영양분이 되어 뿌리를 튼튼하게 해 주었다. 그 덕분에 식물은 더 건강하게 자라 꽃을 피우고 열매를 맺었다. 보이지 않는 곳에서 흙과 식물을 돌보는 이 작은 생물의 하루는 그 자체로 텃밭을 지키는 위대한 일이었다. 책을 덮자마자, 한 아이가 외쳤다.

"우리 지렁이 집 만들어 보자!"

아이들은 좋은 생각이라는 표정이었다.

"흙은 뭘로 할까?"
"난 코르크 점토로 할래요."
"나는 곡물 클레이가 좋아."

나는 아이들이 자주 사용하지 않는 찰흙도 꺼내어 소개해 주었고 어떤 것이든지 아이들이 골라서 사용해 볼 수 있도록 안내해 주었다. 놀이가 시작되고 집은 무엇으로 하면 좋을지를 둘러보던 아이들은 재활용 상자가 있는 곳에서 마음에 드는 것을 골라 만들기를 시작한다. 우리 유치원에는 다른 유치원에 비해 재활용품을 모아두는 공간이 제법 넓은 자리를 차지하고 있다. 특히 상자처럼 부피가 큰 재활용품도 용도에 따라 다시 쓸 수 있도록 크기별로 상자에 모아두는데, 아이들은 그곳에서 적절한 상자(교구 박스 뚜껑)를 골랐다.
혼자서 만들기를 시작한 아이도 있지만, "우리 같이 지렁이 집 만들자!"라며 의기투합하여 놀이를 하는 아이들도 있다. 함께 신나게 재료들을 꾹꾹 눌러가며 "딱딱해~!", "와 엄청 미끄럽다.", "팡팡 쳐도 잘 안 돼!", "윽! 이상한 냄새가 나!"라면서 웃으며 지렁이 집을 만들어 간다. 상자에 원하는 흙 모양 재료를 넓게 넓게 펴서 텃밭을 만들고, 이제 지렁이를 만들기 시작한다.

지렁이를 만드는 방법도 다양하다. 한 아이는 색종이에 지렁이 모양을 그리고 오려냈다. 또 다른 아이는 종이에 빨간색, 갈색, 분홍색을 번갈아 칠하며 지렁이의 줄무늬를 세심하게 그렸다. 또 다른 아이는 말랑한 곡물 점토를 손바닥에서 굴리며 통통하고 부드러운 지렁이 몸을 만들었다. ○○는 "이건 흙 속에서 꾸불꾸불 움직일 거야."라며, 만든 지렁이를 친구들 앞에 자랑스럽게 내밀었다.

그때 누군가 "선생님, 지렁이가 진짜처럼 꿈틀거리게 할 수는 없어요?"라고 묻는다. 나도 궁금해서 방법을 찾아보기 위해 '꿈틀꿈틀 지렁이 만들기'를 검색해 보았다. 그랬더니, 정말 꿈틀꿈틀 진짜처럼 움직이는 여러 가지 지렁이 만들기 방법이 나왔다. 그중에서 우리는 교실에 있는 재료로 만들 수 있는 것을 찾았다.

한지를 이용해서 나뭇가지에 대고 돌돌 말아 대롱을 만든 후에 나뭇가지를 빼고 진짜 지렁이처럼 주름을 만들어 보는 방법 등이 그것이다. 우리 유치원은 생태 유치원으로, 만들기 재료도 가능하면 자연으로 돌아갈 수 있는 재료들을 선호한다. 자연스럽게 한지를 이용한 방법으로 지렁이를 만들어 보기로 했다. 한지 지렁이가 완성되자 아이들의 입가에 미소가 번졌다. 스스로 선택하고 주도하며

만든 자발성, 되살림 놀잇감 안에서 꿈틀거림을 구현하려는 창의적 문제 해결이 자연스럽게 어우러졌다.

지렁이 집 만들기 놀이는 다음 날에도 이어졌다. 종이로만 지렁이를 만들던 아이들은 이번엔 차갑고 말랑한 여러 색깔 곡물 점토를 손끝으로 꾹꾹 눌러 새로운 색과 모양의 지렁이를 빚어냈다. 어제 점토로만 만들던 아이들도 다시 도전하며, 이번엔 작은 눈알을 붙이고 웃는 입을 그려 넣어 마치 지렁이에게 생명을 불어넣는 듯했다.

"선생님, 얘는 웃고 있어요!"
"나는 지렁이 가족을 만들 거야!"
"우리 지렁이 밥 먹을 시간이야!"

누군가는 조그만 밥그릇에 알록달록한 '지렁이 밥'을 담아 놓고, 다른 아이는 부드러운 이불을 덮어줄 침대를 만들어주며 이야기꽃을 피웠다. 아이들의 상상 속 지렁이 세상은 점점 더 풍성해졌다. 작고 다정한 세계가 교실 한켠에 점점 커져갔다. 책상과 바닥 위에는 클레이 부스러기와 웃음소리가 가득했고, 아이들의 상상 속 지렁이 마을은 오늘도 자라났다.

지렁이 놀이를 통해 유아들의 자발성과 창의성이 빛났다. 앞으로의 방과후 과정 놀이도 아이들의 관심사를 중심으로 교육과정과 연계하여 확장해 나갈 계획이다. 나는 유아의 시선을 따라가며 놀이가 깊어질 수 있도록 환경을 조성하고, 생태적 감수성을 키우는 놀이 흐름을 함께 만들어갈 것이다.

교실로 한걸음

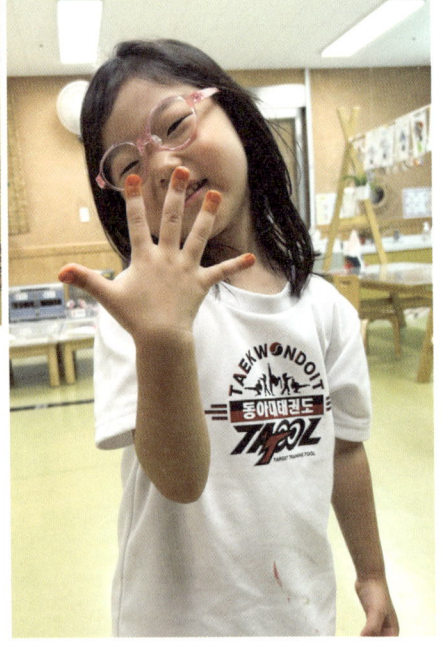

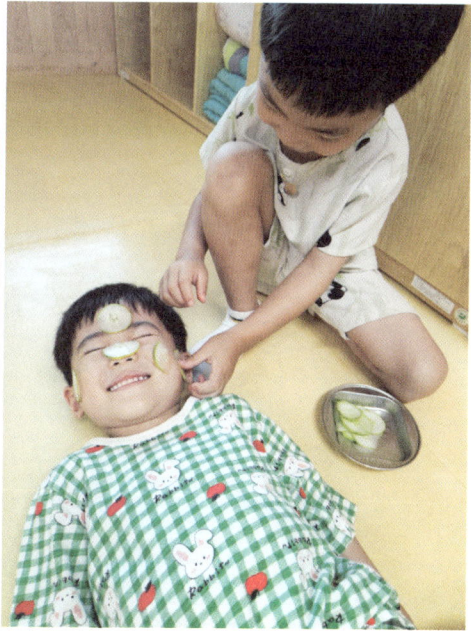

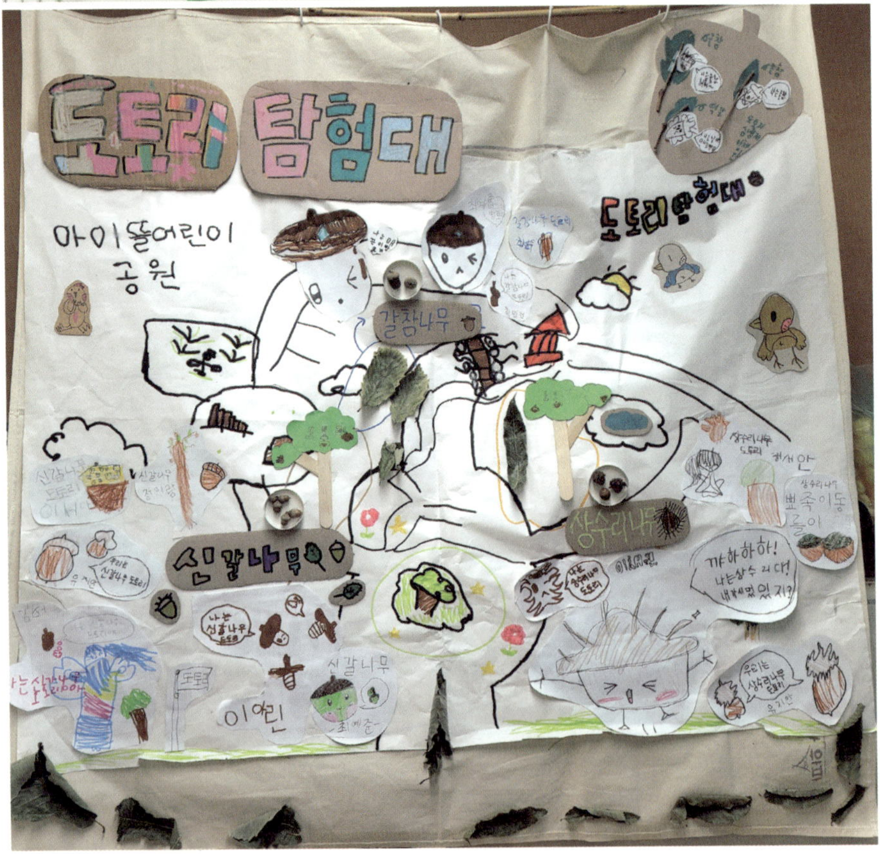

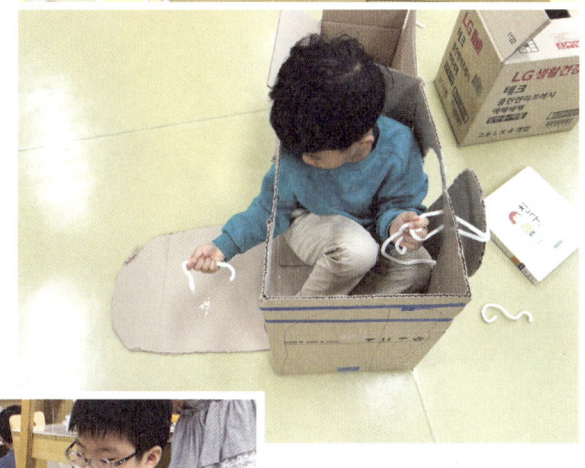

7장

자전거를 타고 갑니다

바람과 햇살을
친구 삼아 달리며
탄소를 줄이는
생활 습관을 익힌다.

작은 안전모에서 시작된
큰 용기

　나성유치원 마당 한켠에는 20여 대의 자전거가 줄지어 서 있다. 그 앞을 지날 때마다 아이들은 "자전거 타고 싶어요. 우리 자전거 언제 타요?"라며 반짝이는 눈빛을 보낸다. 유치원에 놓인 자전거는 놀이 이상의 가치를 가진다. 바로 탄소중립을 실천하기 위한 '자전거 타기 교육'의 든든한 자원이자 아이들에게는 삶의 의미를 담아내는 배움터이다.

　3월이 되면 아이들은 저마다 다른 모습으로 자전거와 만난다. 이미 능숙하게 페달을 밟는 아이도 있지만, 처음 안장에 앉아보는 아이도 있다. 경험의 차이는 크지만 시작은 모두 같다. 가장 먼저 이야기 나누는 것은 '안전'이다.

"넘어질 수도 있으니까 안전모를 꼭 써야 해요. 우리 몸에서 머리가 가장 중요하니까 꼭 보호해야 해요. 무릎 보호대와 팔꿈치 보호대를 하면 다치지 않아요."

아이들은 직접 안전모와 보호대를 착용하며 스스로 몸을 안전하게 지키는 방법을 배운다. 하지만 다섯 살 아이들에게는 이 과정조차 쉽지 않다. 이때 혼합 연령 학급의 힘이 빛을 발한다. 형님들은 먼저 장비를 착용한 뒤 동생들의 '작은 선생님'이 되어 돕는다.

"빨간 글씨 쓴 부분이 위로 가게 하면 돼. 찍찍이가 있는 긴 끈을 잡고, 보슬이 쪽으로 당겨서 붙이면 돼."

서툴지만 스스로 해보는 동생의 손끝을 형님들이 지켜주며 배움은 이어진다. 그렇게 도움을 받은 아이는 다시 또 다른 친구의 보호 장비를 챙겨주며 배움의 고리를 이어간다. 자전거 교육은 기술을 넘어서 형님은 리더십을, 동생은 자기효능감을 배우며 함께 살아가는 기쁨을 경험한다. 자전거에 올라탄 순간 아이들은 새로운 세계에 발을 내딛는다.

"오늘은 얼룩무늬 자전거를 타야지."
"오늘은 빨간 자전거를 탈 거야."

디자인과 내 키에 맞는 자전거를 골라 안장에 앉고, 핸들을 잡은 채 페달 위에 발을 올린다. 앞으로 나아가기 위해서는 생각보다 다리의 힘이 많이 필요하다. 페달 밟기에 집중하다 보면 핸들 조작이 서툴러 길을 벗어나기 일쑤다. 이때 리더십 있는 또래나 형님들이 동생의 핸들을 잡아주며 페달을 밟

는 데만 집중할 수 있도록 돕는다. 힘이 부족해 페달을 뒤로만 돌리는 아이에게 "페달을 뒤로 굴리면 자전거가 앞으로 안 가. 페달을 앞으로 세게 굴려야 해."라며 친구의 발등에 손을 올려 페달을 밟을 수 있도록 힘을 보태어준다. 그러다 어느새 아이는 자신만의 방법을 찾아낸다.

　페달을 반 바퀴만 굴려 다리의 힘으로 자전거의 움직임을 감으로 익힌다. 바닥을 향하던 시선은 앞을 볼 수 있게 되고 페달을 밟아 앞으로 나아가는 순간, 내가 아이의 등을 살짝 밀어주니 자전거도 제법 전진한다. "선생님, 이제 저 자전거 잘 타지요?!"라는 말 속에는 자신감이 차올라 있다. 페달에 익숙해지면 아이들은 브레이크를 잡는 법을 익힌다. 손의 힘 조절에 따라 자전거의 움직임이 달라지

는 것을 온몸으로 경험하며 균형과 통제를 배우는 것이다. 유치원 마당 자전거 길을 따라 페달을 밟고 방향을 전환하며 멈추기를 반복하는 동안, 작은 몸은 점점 더 큰 세상을 준비해간다.

18명의 아이와 유치원 밖 자전거 도로로 나가는 날! 출발 전 오늘의 코스를 확인하고, 나의 수신호에 맞추어 줄지어 출발한다. 오르막에서는 힘차게 페달을 밟고, 내리막에서는 브레이크를 조금씩 끊어 잡으며, 횡단보도에서는 내려 자전거를 끌고 건넌다. 맨 앞에는 7살 형님이 앞장서 호흡을 맞추고, 동생들은 그 뒤를 따른다.

누군가 넘어지면 뒤의 친구가 자전거에서 내려 친구의 자전거를

함께 일으켜 세운다. 자전거에 능숙한 아이가 "저는 두 발 자전거 탈 수 있어요. 보조 바퀴 떼 주세요."라고 말한 적이 있다. 그러자 다른 아이가 "그럼 동생이랑 같이 못 가잖아. 다치지 않고 함께 가려면 보조 바퀴가 필요해."라고 대답했다. 아이들은 '함께'라는 단어를 배우며, 나의 뒷바퀴와 뒤 친구의 앞바퀴의 간격을 지키는 법을 익힌다. 나는 앞뒤를 오가며 아이들이 멀어지지 않도록 응원한다. 이 모든 과정은 단순히 '자전거 타기'가 아니라 '함께 달린다'는 의미를 몸으로 익히는 시간이 된다.

어느 가을날, 빛가람수변공원 산책길에서 빨강·주황·파랑 다양한 색의 단체 티를 입은 초등학생 형님들이 줄지어 자전거를 타는 모습을 보았다. "안녕~ 귀엽다!"라며 손을 흔드는 형님들에게 "어디 학교 다녀요? 몇 살이에요?"라며 묻고, "우리도 자전거 타면 빛가람수변공원까지 빨리 가서 더 많이 놀 수 있겠어요! 형님들 화이팅!"이라며 응원한다. 아이들은 형님들의 모습 속에서 미래 우리의 모습을 꿈꾸며 "우리도 열심히 연습해서 세종호수공원까지 자전거 타요!"라는 다짐을 나눈다.

기다리던 가을 라이딩을 떠나는 날. 아이들은 "도시락을 싸서 자전거 타고 소풍 가고 싶어요."라며 들뜬다. 가을 열매 간식을 챙겨 자전거를 타고 공원으로 향한다. 붉고 노랗게 물든 나무 사이로 시원한 바람을 가르며 도착한 공원에서 돗자리에 앉아 먹는 과일은 평소보다 달고 향기롭다. "자전거 타고 오는데 가을 나무가 정말 아름다웠어요. 그림 같아요. 가을 열매를 밖에서 먹으니까 더 맛있어요. 새랑 개미도 과일 먹으라고 나눠줄까요?"라며 웃음이 번진다. 그러면서도 아이들은 잊지 않는다.

"우리, 지구 지키는 거 맞죠? 자전거 타면 차 타는 것보다 공기가 깨끗해져요. 우리 몸도 건강해지고요."

작은 페달에 담긴 큰 의미가 이 순간 빛난다. 물론 배움의 길에는 눈물도 있었다. 7살 아이 한 명은 자전거를 처음 배우던 날, 페달을 밟는 것도, 핸들을 조작하는 것도 쉽지 않아 눈물을 흘렸다. 나는 아이의 핸들을 잡아주고 등을 밀어주며 포기하지 않도록 도왔다. 주말에는 가정에서도 함께 연습을 이어갔다. 얼마 지나지 않아 그 아이는 유치원 마당을 넘어 아이뜰어린이공원, 횡단보도를 지나 빛가람수변공원까지 씩씩하게 달리게 되었다.

"처음에는 자전거 너무 어려워서 울었는데, 지금은 재미있어요! 유치원에서 친구들이랑 라이딩한 것처럼 가족이랑 도시락 싸서 자전거 소풍 갔어요."라며 성취의 기쁨을 전했다. 더 놀라운 고백도 이어졌다. "우리 엄마도 자전거를 못 탔는데, 나랑 같이 연습해서 이제는 모두 같이 타요. 내가 엄마 응원했거든요."라며 배움에는 끝이 없음을 온 가족이 함께 느낀 순간이었다.

자전거 교육은 단순한 기술 습득이 아니다. 아이들은 작은 페달을 밟으며 균형을 배우고, 친구와의 관계를 배우고, 지구를 지키는 실천을 배운다. 오늘 유치원 마당에서 시작된 자전거 한 바퀴는 내일 지구의 탄소중립을 향한 큰 발걸음이 된다. 안전모를 쓴 아이들의 모습 속에서 우리는 건강을 지키고 지구를 지키는 작은 영웅들을 본다.

안녕?
자전거 (통합학급 이야기)

유치원에서 자전거를 타고 한 학급의 아이들이 모두 함께 마당으로 나간다고? 어른에겐 자연스러울 수 있는 이 장면은, 아이들에겐 때로 낯설고 복잡하며, 설레는 시작일 수 있다. 아이들은 저마다의 속도와 감각으로 자전거를 마주하게 된다. 어떤 아이는 망설임 없이 페달을 밟고, 어떤 아이는 핸들을 꼭 쥔 채 한참을 바라본다. 또 어떤 아이는 친구가 타는 모습을 조용히 지켜보다가 조금씩 다가간다.

첫 시도에서 아이는 서두르지 않고 자신의 속도에 맞춰 세상과 관계를 맺는 연습을 시작한다. 서로의 속도와 거리를 배우는 사회적 놀이의 장이 된다. 자연 속에서 스스로 조절할 수 있도록 지켜보는 나의 기다림과 친구의 응원 속에서 아이는 자신의 감각을 조율하며 자라나고 있다.

그러나 모든 아이가 같은 속도로 자전거를 탈 수 있는 것은 아니다. 누군가는 이미 능숙하게 달리지만, 누군가는 아직 안장에 앉는 것조차 낯설다. 그럴 땐 '함께'의 시간에서 잠시 벗어나 각자의 속도로 연습하는 시간이 필요하다. 자연은 아이에게 완벽하게 예측 가능하거나 조작 가능한 환경이 아니다. 그렇기에 아이는 감각 자극을 조절하고, 우연한 변화를 수용하며, 자연스럽게 관계 맺는 법을 배운다. 생태유치원은 바로 이런 배움을 가능하게 하는 공간이다.

아이들은 자라기 전에 먼저 머물 수 있어야 한다. 빠르게 나아가기보다 천천히 살피고, 익숙해지며 자기만의 감각으로 세상을 만나는 것. 그것이 이곳에서 나의 첫 번째 역할이다. '나답게' 살아갈 수 있는 방식과 속도를 존중하는 데서 배움은 시작된다. 나는 기다리고, 아이는 놀이하며 그 안에서 스스로의 세계를 발견하고 키워간다. 이러한 나의 기다림과 아이의 속도는 자전거를 처음 배우는 순간에서 고스란히 드러난다.

유치원에서 처음 자전거를 만나는 일은 아이에게 낯설고도 설레는 경험이다. 어떤 아이는 자전거를 가까이 다가가 살피고, 어떤 아이는 멀찍이 서서 조용히 바라본다. "자전거 타고 싶어요."라며 말로 표현하는 아이도 있고, 자전거 그림 카드를 꺼내 보여주는 아이도 있다. 나의 손을 잡고 자전거 쪽으로 향하는 아이도 있다. 나는 그런 신호들을 놓치지 않는다.

  점심 이후나 자유 놀이 시간에 1대 1 자전거 연습 시간을 마련해 준다. 자전거를 탈 수 있는 것 보다는 '스스로 표현하고 선택할 수 있는가'가 더 중요하기 때문이다. 아이의 요청에 따라 환경을 조율해 주는 일, 그것이 바로 나의 두 번째 역할이다. 처음에는 페달을 밟는 방향도 헷갈리고, 안장에 오르는 것도 서툴다. 핸들을 돌리면 어떤 방향으로 움직이는지 감을 잡기까지도 시간이 걸린다. 하지만 괜찮다. 자전거가 늘 곁에 놓여 있고, 천천히 연습할 수 있는 환경이 있다. 그렇게 조금씩 자전거와 친숙해지는 것만으로도 충분하다. 조금씩 익숙해지고, 자전거는 어느새 놀이가 되고, 기쁨이 된다.

  자전거 타기를 좋아하는 한 아이는 발의 힘이 부족해 페달 위에 발을 올려두는 것도 어려웠다. 살짝 발을 올려주면 금세 '툭' 떨어졌다. 속상함이 쌓여 눈물이 맺히기도 했다. 그 모습을 본 나는 발 고정 스트랩을 달아주었다. 이제 발이 떨어지지 않자 아이의 표정이 달라졌다. 처음으로 스스로 페달을 굴릴 수 있었던 그날, 아이는 웃었다. 그 웃음은 '자전거를 탔다'는 성취를 넘어 '나도 할 수 있다'는 믿음으로 바뀌는 순간이었다.

그날 이후, 자전거 연습이 있는 날이면 아이는 나의 "자전거 타러 나가자!"는 말에 활짝 웃었다. 이제 자전거는 혼자 연습하는 시간이 아니라, 함께 타는 기쁨을 나누는 시간이 되었다. 내가 ○○이의 발을 잡고 페달을 굴리는 모습을 본 친구들이 자연스럽게 ○○이에게 다가와 말했다.

"내가 밀어줄게요!"
"이렇게 돌리면 앞으로 갈 수 있어!"

서로의 자전거를 세우고 기다려주고, 도와주는 모습이 자연스럽게 이어졌다. 아이들은 자전거를 통해 서로에게 다가가고, 서로를 이해하는 방법을 배우고 있었다. 자전거를 타며 순서를 기다리고, 부딪히지 않기 위해 주변을 살피며, 넘어진 친구에게 다가가 조심스레 손을 내밀며 "괜찮아?"라고 건네는 말 한마디. 그 안에서 아이들은 서로의 속도를 존중하는 방법을 배우고 있다. 특히 균형 감각이 어렵거나 불안이 많은 아이에게는 환경의 구조화가 큰 힘이 된다. 작은 성공의 경험이 쌓이면 자신감이 생기고, 그 자신감은 자전거를 넘어 일상 전체로 확장된다.

어느 날, 자전거를 타며 활짝 웃는 아이의 사진을 가정으로 전했다. "이렇게 탈 수 있을 줄 몰랐어요."라는 학부모의 말에 나의 마음도 따뜻해졌다. 기다림이 만들어낸 기적 같은 순간이었다. 시간이 흐르고, 처음 마당에서 페달을 구르기 위해 연습을 시작한 아이는 이제 친구들과 함께 유치원 밖 공원까지 자전거로 다녀올 만큼 자랐다. 바람을 가르며 달릴 때의 웃음은 아이에게도, 나에게도 잊지 못할 장면이다.

자전거는 아이에게 세상을 만나는 방법이고, 관계를 맺는 다리이며, 자신을 믿게 하는 경험이다. 그 중심에는 아이의 속도를 존중하며 기다려주는 나, 안전하게 놀 수 있도록 환경을 세심하게 마련하는 손길, 그리고 함께 응원해 주는 친구들이 있다.

아이들은 자전거를 통해 넘어지면서 다시 일어서는 법을 배우고, 기다림 속에서 함께 타는 기쁨을 느끼며, 스스로 굴리는 페달을 통해 조금 더 멀리, 조금 더 자신 있게 나아간다. 그것이 바로 이곳에서 우리가 함께 만드는 배움이다.

자전거로 한걸음

에필로그

봄의 새싹처럼 시작된 나성유치원의 생태교육은 해마다 아이들의 작은 발자국과 이야기로 새롭게 채워지며, 다시 찾아올 사계절 속 새로운 소식을 기다린다. 특히 3월이 되면 겨울의 차가운 숨결이 물러나고, 생명의 기운이 조용히 스며들기 시작한다. 이맘때가 되면 교사들의 마음에는 설렘과 희망이 차오른다. 동시에 아이들과 함께 자연을 만나고, 그 속에서 성장의 씨앗을 틔워야 한다는 깊은 책임감도 함께 자리한다.

돌이켜보면 기후 위기와 환경 문제가 심각해지는 오늘날, 자연과 온몸으로 만나는 생태교육은 더 이상 선택이 아니라 우리 모두가 향해야 할

길임을 새삼 느끼게 된다. 이러한 흐름 속에서 나성유치원의 아이들은 계절의 변화를 온몸으로 느끼고, 작은 생명의 움직임을 가까이에서 바라보며, 사계절의 다양한 얼굴을 직접 경험해왔다. 그 과정에서 자연의 순환을 배우고, 기다림을 받아들이며, 감사의 마음을 자연스럽게 키워가는 아이들의 모습은 생태교육이야말로 이 시대 아이들에게 꼭 필요한 삶의 힘이라는 사실을 보여준다.

무엇보다 나성유치원의 생태교육은 학부모와 지역사회, 즉 '함께하는 공동체'가 있을 때 그 의미가 더 깊어진다. 학부모와 함께한 모내기와 추수, 절기마다 열렸던 다채로운 활동들, 가족과 걸던 산책길, 텃밭 수확물을 나누며 지었던 미소들은 아이들에게 자연을 '특별한 체험'이 아니라 '일상 속 숨결'로 느끼게 해주었다. 자연과 더불어 살아가는 마음, 그리고 함께 살아가는 마음이 이렇게 천천히 자라났다.

또한 유치원 주변의 공간 곳곳을 생태 배움터로 삼으며 아이들은 자연과 공존하는 법을 배웠고, 나아가 자신이 살아가는 마을을 지키고 돌보아야 한다는 공동체 의식도 키워갈 수 있었다. 지역사회와 맞닿은 생태공간은 자연과 사람, 그리고 공동체가 함께 성장하는 소중한 터전이 되었고, 그 속에서 아이들은 생명을 존중하는 마음과 자신만의 삶을 아름답게 가꾸는 태도를 배워왔다.

사계절을 따라 이어진 생태 배움의 경험은 아이들에게 섬세한 감수성과 깊은 관찰력을 길러주었으며, 무엇보다 생명을 귀하게 여기는 마음을 단단하게 뿌리내리게 해주었다. 더불어 생태지향적 놀이, 교육 3주체의 협력, 재활용 분리배출과 물·전기 아껴 쓰기 같은 작은 실천들이 모여 '탄소중립'이라는 더 큰 가치를 함께 만들어가고 있다. 이러한 경험들은 아이들이 자연과 더불어 살아가는 지혜를 익히는 과정이며, 지속 가능한 미래를 꿈꿀 수 있는 든든한 밑거름이 될 것이다.

아이들이 자연과 깊이 관계를 맺으며 삶의 태도와 가치를 키워가기 위해서는 보이지 않는 자리에서 이어지는 많은 노력이 필요했다. 계절과 날씨에 따라 끊임없이 변화하는 생태 배움터를 돌보고, 아이들의 작은 호기심이 흐트러지지 않도록 세심하게 안내하는 교사들의 전문성. 그리고 생태교육이 안정적으로 이어질 수 있도록 마련된 체계적 지원뿐만 아니라 학부모의 꾸준한 신뢰와 지지 역시 나성유치원의 생태교육을 떠받치는 든든한 힘이었다. 앞으로도 우리는 아이들이 자연에서 배우는 소중한 경험을 오래 간직하고, 즐겁고 건강하게 성장할 수 있도록 자연과 사람을 아우르는 모든 인적·물적 자원을 더욱 성실하게 살펴갈 것이다.

생태교육은 결코 완벽할 수 없다. 날씨는 늘 변덕스럽고, 아이들의 호기심은 예측할 수 없는 방향으로 흐르기도 한다. 그러나 바로 그 예측 불가능함 속에서 교사와 아이들이 함께 호흡하며 만들어가는 시간 자체가 가장 귀한 배움이 아닐까. 아이들이 계절 속에서 자라나듯, 나성유치원의 생태교육도 시간을 따라 조금씩 성장할 것이다. 그리고 그 성장의 길 위에서 우리는 자연과 함께 살아가는 따뜻한 나성유치원의 미래를 조용히 그려본다.

매일 자연으로 갑니다

초판 1쇄 인쇄 · 2025년 11월 20일
초판 1쇄 발행 · 2025년 11월 27일

지은이 · 나성유치원 이옥순 · 김은선 · 조하은 · 조향진 · 김초은 · 신수빈 · 김혜선
　　　　육혜경 · 송세연 · 정혜율 · 윤정희 · 최유빈 · 최진희 · 김다영
펴낸이 · 천정한
펴낸곳 · 도서출판 정한책방

출판등록 · 2019년 4월 10일 제446-251002019000036호
주소 · 충북 괴산군 청천면 청천10길 4
전화 · 070-7724-4005
팩스 · 02-6971-8784
블로그 · http://blog.naver.com/junghanbooks
이메일 · junghanbooks@naver.com

ISBN 979-11-991627-5-4 03370

- 책값은 뒤표지에 적혀 있습니다.
- 잘못 만든 책은 구입하신 서점에서 바꾸어 드립니다.
- 이 책의 일부 또는 전부를 재사용하려면 반드시 저작권자와 도서출판 정한책방의 동의를 얻어야 합니다.